인간 문명과
자연 세계

자연, 물질, 인간

5   문화의 안과 밖

시대 상황과 성찰

인간 문명과
자연 세계

자연, 물질, 인간

이정전
장회익
김인환
김석철
이덕환

민음사

자연과 물질과 인간의 삶

'문화의 안과 밖' 전체의 기획에 대하여는 이미 첫 취지문 그리고 각 권의 서문에서 설명된 바 있다. 말할 것도 없이, 전체적인 구도가 있었던 것은 사실이나, 그렇다고 해서 전체가 일관성 있는 서술의 형태가 될 수 있다는 것은 아니다. 그러한 실천 요강을 가진 것이 취지가 아니다. 어쩌면 바로 그러한 것을 멀리하고자 하는 것도 당초의 의도의 일부였다고 할 수 있다.

그간 우리 사회의 특수한 필요로 하여 많은 학문적 노력은 시대의 실천적 요청에 직접적으로 반응하는 것이 되었었다. 우리가 원했던 것의 하나는 그러한 요청으로부터 일단의 거리를 두고 학문적 사고와 탐구의 객관성과 엄정성을 강화해 보자는 것이었다. 참여자들이 자신의 독자적 입장과 관심을 견지하는 것은 그 조건의 하나이다. 물론 역설적으로 그것이 참으로 다시 현실 실천에 기여한다는 것이 의도의 하나였다고 할 수 있다. 학문과 정치에 대한 막스 베버의 제안도 비슷한 생각에 기초한 것이었다. 그렇다고 그가 학문적 탐구에서 객관성을 원했지만, 그것이 현실에 전혀 무관할 수 있다고 생각한 것은 아니다. 베버는 학문의 바탕에는 '가치 관련(Wertbeziehung)'이 있을 수밖에 없다는 것을 인정하였다. '문화의 안과 밖'의 글들에도 이러한 관련이 있을 것으로 생각한다. 적어도 '관심의 관련'이 있는 것은 분명하다.

대부분의 글들은 우리의 현실 ― 정치, 사회, 경제 그리고 문화의 상황을 심각하게 걱정하고 생각하는 데에서 쓰였다고 할 수 있다. 새로운 용어를 만들어 말한다면, '관심의 관련(Besorgensbeziehung)'이야말로 사람의 사고를 심화하는 가장 중요한 거점이라고 할 수 있다. 적어도 이러한 관심의 관련이라는 점에서는 당초에 의도했던 구도도 그대로 의미 있는 것이었다고 할 수 있다. 그리하여 이 점에서 기획에 기여한 글들은 상호 연관성을 갖는다.

이미 이루어진 강연과 출간된 글들의 편성이 말하여 주고 있듯이, '문화의 안과 밖' 시리즈의 출발은 시대의 문제를 토의할 수 있는 공론의 장이 어떻게 위기에 처해 있는가 그리고 그것이 어떻게 재구성될 수 있는가 하는 것이었다. 이러한 문제들은 그 자체로 성찰의 대상이 되고, 또 인간의 여러 활동 분야 ― 정치, 경제, 문화, 학문, 또는 교육, 철학, 과학, 여론, 예술, 그리고 현실 참여와 은둔 등 다각도적인 관점에서 논의의 대상이 될 수 있다. 이러한 문제들을 검토한 다음에는 조금 더 각도를 좁혀, 주로 그러한 작업들의 바탕으로서 또 그 성과로서, 예술에 의한 현실 변화와 변용을 성찰하는 강연들이 있었다. 예술은 현실의 어려운 문제에 답하면서 그 사이에 일단의 균형이 이루어지는 과정일 수 있기 때문이다. 그런데 삶의 심미적 균형을 시사하는 예술은 깊은 의미에서 인간 실존의 존재론적 통찰을 담고 있으면서, 동시에 현실에서 이탈하는 환상의 투영이 될 수도 있다.

여기에 대하여 보완적 입장에 있는 것이 인간 현실 또는 자연계에 대한 과학적 접근이다. 이번 시리즈에서 과학적 고찰은 특히 근래에 크게 발전한 신경과학, 오래된 통찰에서 출발한 것이면서도 많은 새로운 발전을 보게 된 지구와 생명의 역사에 대한 언급을 많이 담고 있었다. 그리고 이것이 어떻게 하나의 통합적 시각을 형상할 수 있는가 하는 문제가 강연의 주제가 되었다. 오늘의 시점에서 과학은 우리가 신뢰할 수 있는 유일한 지적인 자산을 이룬다. 그리하여 인간의 성찰적 노력은 과학의 엄밀성을 떠나서 정당화될 수는 없다고 할 것이다. 그러나 그것은 그것대로 일정한 관점에서 시험되는 가설의 성격을 가졌다고 하는 것도 틀리지 않은 관찰이다.

이것은 여러 논설의 밑에 놓여 있는 인식론적 바탕 또는, 칸트가 더러 쓰는 말로서, 형이상학(Metaphysik) — 형상을 넘어가는 개념적 구조를 말하는 것인데, 이러한 인식론적 관심이 여러 글들에 그대로 들어 있다는 것은 아니다. 그러면서도 조금 더 구체적인 문제들을 다루는 글에도 탐구의 지향에 대한 암시들이 들어 있는 것은 사실이다. '문화의 안과 밖' 시리즈에 일관된 구도가 있는 것처럼 말하는 것은 사후(事後)의 가설적 일반화에 불과하다. 저자들은, 다시 말하여, 서로의 관심과 주제를 미리 알고 자신의 글을 쓴 것이 아니다. 그러나 여러 글들에 드러나는 탐구의 지향 자체에 대한 물음은 이러한 가설에 일단의 근거를 제공한다고 할 수 있다.

시리즈의 다섯 번째 구역이 되는 '자연, 물질, 인간'도 자기반성적 탐구라는 점에서 일정한 방향을 가지고 있는 것으로 일반화할 수 있지 않은가 한다. 다섯 번째 구역은 그 앞의 여러 논의들의 종합으로서, 인간 생존의 총체적 환경을 생각하는 글들이다. 구역의 제목은 인간의 생존을 물질적 환경으로서의 자연에 위치하게 하고 그 관점에서 여러 문제들이 논의의 대상이 될 것이라는 것을 말하여 준다.

인간 생존의 테두리를 가장 크게 이야기하고 하는 것은 장회익 교수의 「'뫼비우스의 띠'로 엮인 주체와 객체」이다. '우주와 인간'에 관한 이 글에서 인간 존재는 "온생명"이라는 총체적 생명 현상의 일부로서 이야기된다. 일반적으로 모든 "낱생명"은 다른 생명체, "보생명"이라는 다른 생명체와의 관계가 없이 유지될 수 없다. 인간도 그러한 총체적 관계 속에 존재하는 것이다. 그런데 생명체로서의 인간 존재의 특징은 의식을 가지고 있다는 것이다. 그런데 이 의식은 개체적인 것이면서 집합적인 것이다. 그리하여, 그것은 '집단 지성'이 된다. 이것은 개체적 의식의 확대를 말하면서 동시에, 장 교수의 생각으로는, 자연계 전제가 가지게 되는 의식이다. (장회익 교수의 이러한 생각은, 우주 전체를 의식을 가진 생명체로 보았던 독일의 물리학자이고 철학자였던 구스타프 페히너(Gustav Fechner)의 생각에 유사한 것으로 보인다.) 장 교수는 '온생명' 이론을 물리학의 원리에서 추출할 수 있다고 생각하면서, 동시에 주돈이(周敦頤)의 태극도설(太極圖說)의 우주론과 겹치게 한다. 이러한 생명 이론의 의의는 이론 자체와 함께, 우리의 환경에 대한 느낌을 북돋는 데에서 찾을 수 있다.

사람은 본래부터 자연환경 전체와의 조화가 없이는 행복할 수도 없고, 살아남을 수도 없다. '자연, 물질, 인간'을 다룬 이번 책에서 환경 문제를 다루고 있는 것은 이덕환 교수의 「환경 문제와 현대 과학 기술의 이중성」이다. 환경의 악화에 대한 책임이 과학 기술 문명의 과도한 발달에 있다는 생각은 이제 널리 퍼져 있는 생각이다. 그리고 그에 따라 과학 문명 이전의 상태로 다시 되돌아가야 한다는 생각들도 나오고 있다. 이덕환 교수도 "물질적으로 조금 어렵더라도 정신적으로 풍요로운 삶"을 지향해야 한다는 견해가 있음을 인정한다. 그러면서 이 문제를 보다 넓은 맥락 속에서 보고자 한다. 이 교수는 1만 2000년 전 수메르의 농경 목축 문화의 염화(鹽化) 흔적이 지금도 남아 있다는 사실을 지적하고, 환경 오염은 옛날부터 인간의 삶과 불가분의 관계에 있었다고 말한다. 그리하여 자연환경이 의구(依舊)하다는 생각, 생태계가 지속적인 균형을 유지한다는 생각, 그리고 인간에 편리한 환경이 모든 생명체에 그대로 유리하다는 생각은 "비현실적인 환상"일 뿐이라고 말한다. 도대체 본래적인 자연이 존재한다는 생각 자체가 사실적인 근거에 입각한 것이 아니다. 뿐만 아니라, 과학 기술이 발전하기 전의 원시적인 인간의 삶은, 이 교수의 지적으로는, 온갖 천재지변과 질병에 무방비로 노출된 야만적 삶이었다. 이런 시대에 자연 속의 좋은 삶이 있었다면 그러한 삶은, 그의 생각으로는, 극히 제한된 특권층만이 누릴 수 있는 혜택이었다. 이것을 두루 확대하여 많은 사람들의 건강이 향상되고, 수명이 연장되어, 인구가 늘어난 것은 과학 기술의 발달로 인한 것이다. 그에 힘입어 인간은, "역사상 가장 높은 수준의 풍요와 건강과 안전과 함께 평등과 자유"를 널리 누릴 수 있는 단계에 이른 것이다.

그러나 환경 오염이 문제를 일으키고 있는 것도 사실이다. 공기, 수질, 토양이 오염되고, 그전과는 다른 폭우, 폭설, 폭풍이 잦아지고, 오존층의 파괴가 일어나고, 기후 변화가 가속화되고, 생물 다양성이

손상되고 하는 것은 틀림이 없는 사실이다. 이 교수가 지적하는 여러 문제 가운데, 수없이 쏘아 올린 인공위성이 쓰레기가 되고, 그것이 지구와 상호 작용하여 재난을 일으키는 것과 같은 일은 인간의 과학 기술 놀이가 어떤 결과를 가져오는가를 보여 주는 희화적인 사례라고 할 수 있다. 미국의 요세미티나 옐로스톤 공원의 산불 예방이 역효과를 낳는 것과 같은 일도 있지만, 작고 큰 방법으로 생태 환경의 보호를 위한 노력이 진행되고 있는 것도 당연한 일이다. 이 교수는 1972년 스톡홀름 유엔인간환경회의로부터 2010년 유전자원 활용에 대한 '나고야 의정서'까지 수많은 국제적 협약들을 고무적인 노력의 표현으로 본다. 환경 오염을 방지하는 방책으로 화학자로서의 이덕환 교수가 말하는 독특한 대책은, 결국 오염을 가져오는 것은 화학 물질이기 때문에, 화학 물질의 독성을 줄이는 일이다. 이것을 비롯한 "지속가능한 녹색 화학"의 연구를 적극적으로 추진하는 것은 중요한 환경 대책의 하나이다.

이 교수의 관점에서, 과학 기술의 폐해를 지나치게 비판적으로 보는 "친생명·친자연·녹색주의"의 주장은 이미 이룩한 "성과"와 "개척해야 할 미래"를 포기하는 것이다. "무엇이든지 지나치면 문제가 된다."라고 그는 말한다. 과학 기술의 지나침이 문제를 가져올 수 있지만, 과학은 환경 문제만이 아니라 "사회의 분열과 갈등을 해소하는 소통의 기반이 되어야" 한다. 이덕환 교수는 이렇게 주장한다.

자연과 적대적 관계에 있다고 볼 수도 있고 그것과의 일정한 우호적 관계 속에서 발달한 것으로 볼 수도 있는 것이 도시이다. 어떻게 보든, 과학 기술 또는 그 이전의 인위적 노력에 의한 자연의 변형에 대하여 가장 두드러진 증표가 되는 것이 도시이다. 사람은 인공적 주거에서 사는 생물체이다. 또 물질 생산의 여력이 생김에 따라 도시를 구성하는 것도 인간의 존재 방식이다. 건축이나 도시 계획의 문제는 사람의 거주와 그것의 전체적인 환경을 고려하는 데에 있어서 가장 중요한 문제의 하나임에 틀림이 없다.

'자연, 물질, 인간'에 김석철 교수의 글이 들어 있는 것은 극히 자연스러운 일이다. 김석철 교수는 건축이나 도시 기획의 부분에서 가장 많은 경험을 쌓은 분이지만, 이번 글은 주로 베네치아와 제주에서의 그의 경험을 기초로 한 것이다. 김 교수는 서두에 자신이 자연의 신봉자임을 밝힌다. 건축가인 김 교수에게 맨 먼저 고려해야 할 것은 자연인데, 그것은 산, 들, 바다와 같은 지형지물, 그다음은 하늘, 비, 바람, 기온과 같은 기후와 날씨, 그리고 다시 지하수의 순환과 같은 것을 포함한다. 사람은 이러한 자연 조건 전부와 조화를 이루면서 살아야 한다. 도시도 그 안에 자리하여야 한다. 물론 도시가 순수한 자연일 수는 없다. 그러나 김 교수는 베네치아를 말하면서, 그것이 자연스럽게 발달된 도시임을 강조한다. 베네치아가 "자연환경", "인간 공동체의 강력한 의지" 같은 요소들을 적절하게 결합한 결과라고 김석철 교수는 설명한다. 그러면서도 그에게 가장 중요한 것은 공동체적 의지이다. 당초부터 어부와 농부의 땅이었던 베네치아를 도시로 발전하게 한 것은 공동체적 의지가 존재하였기 때문이라고 한다. 그것이 있어서 베네치아인들은 한편으로 자연환경에 적응하면서도 오늘의 베네치아를 아름다운 도시로 존재하게 하는 여러 계획들을 현실화할 수 있었다.

이에 비하여 제주는 아름다운 자연을 가지고 있지만, 그 안에 자리한 도시로서 아름답게 발전하지 못했다. 그것은, 김 교수 생각으로는, 제주가 한국, 일본, 중국, 동남아의 강력한 외세에 노출되어 스스로를 방어할 수 있는 공동체적 의지를 빚어낼 수 없었기 때문이다. 그러나 지금에 와서 제주도의 이러한 국제적 위치는 도시를 발전시키는 데 유리한 조건이 된다. 이러한 관점에서 김석철 교수는 일본과 중국의 해안 도시를 연결하는 크루즈 라인을 만들어 세계인이 방문하는 지역을 제주에 건설할 수 있다고 한다. 그렇게 하면 관광 산업이 크게 진흥될 것이다. 그가 제안하는 것은 한라산과 해안 사이의, '중산간'이라는 지역에 새로운 도시를 건설하는 것이다. 제주에는 비가 많지만, 한라산의 중간 지역에는 물이 없다. 여기에 지하 수조와 지상에 흐르는 물을 만들어 "산상의 수상도시"를 만들자는 것이 그의 생각이다. 그것을 위하여서는 거대한 국토 개발 계획이 있어야 하고, 물론 그것을 현실화할 수 있는 "결연한 의지"가 있어야 한다. 제주 발전을 위한 김 교수의 이러한 계획이 현실적으로 얼마나 진행되었는가는 그의 강연에서 발표되지 않았다. 제주도민, 제주도 행정 당국 또는 중앙 정부의 의도가 어떤 것인가도 이야기되지 않았다. 김석철 교수의 계획은 이러한 의도에 일치할 수 있어야 한다. 이러한 의도에 대하여 현실적 결단을 내리는 것은 정치 지도자들이고, 또 정치 지도자들의 결정에서 가장 중요한 것은 경제적 고려이다.

이정전 교수의 「시장과 국가, 그리고 생활 세계」는 반드시 국토 개발에 관계하여 고려하는 것은 아니지만, 제목이 말하고 있듯이, 이러한 계획에 결정의 계기가 되는 경제, 문화, 정치의 문제를 다룬다. 지금의 시대는 경제의 시대이다. 정부의 정책 의지는 주로 경제 성장 또는 경제적 풍요를 지표로 한다. 그러나 말할 것도 없이, 그러한 목표를 그대로 받아들인다고 하여도, 그것은 그것대로의 여러 가지 문제를 야기한다. 그 원인은, 위에서 인용했던, 이덕환 교수의 말, "지나치면 문제가 생긴다."라는 데에서 찾을 수 있을 것이다. 이러한 문제들을 시정하는 데에는 정치적 결정이 있어야 한다. 이 결정에 작용하는 것은 통치자의 의지일 수도 있고, 민중적 압력일 수도 있다. 그러나 그러한 결정의 성격을 방향 짓는 것은 사회 속에 작용하고 있는 가치관이라고 할 수도 있다. 그리고 이 가치는 문화에 그대로 들어있는 것일 수도 있고, 그에 위치해 있으면서 보다 깊은 성찰적 고려를 시도하는 노력에서 나오는 것일 수도 있다.

이정전 교수는 세 항목 사이의 관계에 대한 논의를 시작하면서, 우선 경제와 문화의 관계를 살펴본다. 아담 스미스를 비조로 하는 경제 이론은 경제가 문화와는 관계 없이 독자적인 원리에 의하여 발전하고 움직인다고 보고, 다른 이론은 — 자본주의와 프로테스탄티즘의 연구에서, 막스 베버가 밝혔던 주제에 따라 — 문화와 경제 사이에 긴밀한 관계가 있다고 본다는 것을 이 교수는 소개한다. 그러나 이 교수가 말하고자 하는 것은 이러한 것들이 반드시 서로 대립하는 입장을 나타내는 것만은 아니라는 것으로 생각된다. 어느 쪽이 사태를 바르게 보는 것인가 하는 것은 역사의 과정에 따라 그리고 문화의 전체적인 성격에 따라 달라질 수밖에 없다. 아담 스미스가 상정하고 있는 바, 시장의 교환에서의 합리적 계산을 통해서 이익을 최대화하려는 존재가 인간이라는 것은 문화와 관계 없이 인간 존재의 경제적 성격 자체가 경제를 발전하게 한다는 것을 말하는데, 이것은 자본주의가 발전하기 시작한 다음의 인간을 설명하는 것이라고 할 수 있다.

이에 대하여 베버의 유명한 테제는, 프로테스탄티즘이 새로이 확인해 준 신앙심이 "근면, 검약, 성실, 교육열" 등의 덕성을 북돋아 그것을 초기 자본주의의 등장에 중요한 심리적 동기가 되게 하였다는 것이다. 그러나 비슷한 세속적 근면을 자극하는 이슬람 지역에서는 왜 자본주의가 발전하지 못했는가? 이 교수의 생각으로는, 거기에는 서구에 비슷한 세속적 덕성이 있기는 하였지만, 보다 철저하게 세속적인 "경쟁심", 그리고 "쾌락과 만족을 추구하는 욕망"이 없었기 때문이다. 이에 대하여 서구에서는 종교적 영감을 가진 덕성들과 보다 세속적인 욕망이 합쳐짐으로써 자본주의적 발전이 가능해졌다는 것이다. 같은 설명은 후발 자본주의 국가들, 19세기 후반으로부터 자본주의의 반열에 든 일본이나, 20세기 후반의 소위 "아시아의 호랑이" 또는 "아시아의 용"이라 불린 새로운 자본주의 국가들에도 해당된다. 이러한 지역의 정신문화의 기초는 유교였다. 유교의 덕성이 세속적인 강조를 가지고 있는 것은 말할 필요도 없다.

자본주의의 초기에 문화적 가치가 영향을 주었다고 하더라도, 그 발전은 모든 것이 경제에 의하여 지배되는 세상이 되게 한다. 문화가 경제에 영향을 주는 것이 아니라 경제가 문화에 영향을 — 압도적인 영향을 주는 것으로 앞뒤가 바뀌게 된다. 이것은 여러 다른 문화적 배경을 가진 사회의 가치가 단순화되는 데서도 볼 수 있다. 이정전 교수가 언급하고 있는 로널드 F. 엥겔하트 교수가 여러 해에 걸쳐 주도해 온 세계가치관조사(World Values Survey)에 의하면, 사람들은 "경제 소 득의 결과 소득 수준이 높아질수록 전통적 가치보다는 세속의 합리 성을 추구하며 생존 가치보다는 자기표현 가치를 중시"한다고 한다. 이러한 가치 변화는 삶의 외면적 표현에도 그대로 나타난다. 이정전 교수가 다른 필자들을 인용하여 말하는 바로는, 자본주의 경제하에 서 세계의 모든 도시는 뉴욕의 맨해튼 같아지고, 세계인 모두가 '미국 인'이 된다. 다시 말하여, 경제 발전은 저절로 인간의 문화적 가치를 세속화/단순화하고 문자 그대로 '경제적 인간(homo economicus)'을 인 간의 원형이 되게 하는 것이다.

가치의 세속화/단순화는 그 나름으로 인간 해방의 의미를 갖는 다. 그러나 그것은 온전한 인간성을 훼손하는 여러 결과를 가져온다. 이 교수는 이것을 베버가 예상하였다고 말하고 있는데, 자본주의의 단순화 속에서 인간의 온정적 사회관계는 희박하여지고 냉정한 계 약, 계산의 관계가 그것을 대체하게 된다. 그러나 개인적으로 행복의 느낌은 좀처럼 소득의 상승에 병행하지 않는다.

이러한 문제들은 개인으로서 또 사회적 존재로서, 사람들이 경험 하는 인격적 체험들에서 겪게 되는 부정적 효과를 말한 것이다. 물론 이러한 것은 사회적 불균형 그리고 제도에 의하여 심화된다. 소득 분 배의 불공평, 빈부 격차의 심화, 그에 따른 사회적 분열과 갈등의 일 상화, 또 이에 결부된 공권력의 부패 등은 이미 널리 논란이 되는 사 회적 이슈이다. 물질적 이익의 추구가 절대적인 인생 목표가 된 사회 에서, 이것은 사회적 갈등의 원인이 될 뿐만 아니라 사회 전체의 불안정을 가져오게 된다. 이정전 교수가 말하는 바로는, 빈부 격차의 심화에 따르는 계급 갈등은 나라를 존망(存亡)의 위기로 끌어간다. 고려, 중국의 왕조들, 로마 등이 망한 것이 그러한 원인 때문이다. 민주주의 국가에서도 그에 관련하여 국가 위기론이 이야기된다고 이 교수는 지적한다. 아마 위기까지만 이르고 망국에 이르지 않는 것은 정치의 민주적 개방성이 상황을 시정할 수 있게 하는 여지를 남기기 때문이라고 할 것이다.

이 교수가 안토니 다운스(Anthony Downs) 교수의 이론에 의지하여 지적하는 심리적 증상은 오늘날의 민주국가가 처한 상황의 한 증표가 된다. 그것은 적어도 일부는 자본주의 사회의 심리적 동기가 되는 이익 추구의 절대성 그리고 그에 관련된 합리주의가 여기에 관계되는 것일 것이다. 그 증상이란 유권자들은 정치에 관심이 없다는 것이다. 그것은 그러한 관심이 자기에게 아무런 이익을 주지 않기 때문이다. 이것을 1950년대 말에, 『민주주의의 경제 이론(An Economic Theory of Democracy)』을 쓴 다운스는 "합리적 무지"라고 했다고 한다. 정치인이나 관료를 움직이는 것도 주로 자신의 이익에 대한 합리적 계산이다. 이것은 한국 사회에도 해당된다고, 또는 더욱 해당된다고 하는 것이 옳을 것이다. 이 교수가 인용하고 있는 2012년 한국의 한 여론 조사에 의하면, 정치인이란, "자신들의 명예와 권력욕만 채우는 사람", "자리를 유지하기 위해 분쟁만 일삼는 사람"이라는 것이 조사 대상자들의 80퍼센트가 정치인에 대하여 가지고 있는 인상이라는 것이다. 물론 이러한 인상 그리고 마음가짐은 단순히 합리적 이기주의 그 자체로만 설명할 수 있는 것이 아니다. 정경 유착과 부패를 계속

산출해 내는 현실 정치의 제도가 이러한 정치 불신을 강화하는 것임은 말할 필요도 없다.

　반드시 바른 것이라고 할 수 없는 이러한 여러 사회 병폐 — 자본주의의 내재적 논리에 의하여 움직이는 사회가 만들어 내는 병폐를 그대로 두고, 사회가 온전한 상태에 있을 수 없다는 것은 많은 사람들이 느끼는 것이다. 이정전 교수는 제목에 나와 있는 '경제, 문화, 정치'의 틀 안에서 문제를 다시 설정하여, 자본주의는 경제가 정치를 압도하고 최소화하는 '작은 정부, 큰 시장'의 원리를 주장하는 체제이지만, 거기에서 나오는 여러 문제를 해결하는 데에는, 여러 난점이 있는 대로, '큰 정부, 작은 시장'의 도래가 불가피하다고 말한다. 그런데 이렇게 말하는 데에는, 위의 세 요인 가운데에서 문화적 요인을 충분히 독립적인 요인으로 간주하지 않았다는 것에 주목할 수 있다. 그것은 경제를 지배하고 경제에 지배되는 것 이상의 의미를 가진 것으로 말할 수 있다. 그때 문화는 가치의 담지자가 된다. 그리고 정치나 경제도 결국은 이 가치와의 변증법적 관계 속에서 일정한 균형을 찾을 수 있다.

　이때 문화에서 균형을 담지하는 요인의 하나는 이성이다. 이성은 여러 부분들의 정합을 기하는 데 필요한 매체이기 때문이다. 그러나 이성의 의미는 그 외에 이러한 이성이 실현할 수 있는 더 큰 가치이다. 정치나 경제에 균형이 필요한 것은 더 큰 가치의 이 같은 실현에 이성이 기초가 되기 때문이다. 이 가치는 다분히 초월적 성격을 띤다. 그리하여 오늘날과 같은 세속적 사회에서 그것을 말하거나 찾아보는 것은 심히 어렵다고 할 수 있다. 오늘날 최고의 가치는 무색투명한 이성을 말하는 것에 그치는 것으로 보인다. 이것은 크고 작은 정부를 말하는 경우에도 그러하다.

다시 이 문제로 돌아가서, 큰 정부란 어떤 것인가를 생각해 보기로 한다. 이정전 교수의 글에는 하버마스에 대한 언급이 있다. 하버마스는, 이 교수가 설명하는 바와 같이, "강압이나 강제가 없는 상태에서 모든 사람이 동등한 자격으로 자유롭게 진술하고 성실하고 허심탄회한 대화를 통해서 서로를 이해하는 가운데 합의에 도달"하는 것 — 이것이 민주적 정치의 근본이고, 합리성을 확보하는 방법이고, 또 정치 제도의 합법성(legitimation)의 기초라고 생각한다. 그런데 이정전 교수는 자본주의적 자유 민주주의 사회에 대한 하버마스의 관찰로서, '생활 세계의 식민지화'라는 아이디어를 언급한다. 이 교수의 생각은 위에 말한 민주적이고 합리적인 토의를 '생활 세계'가 보장하는 것처럼 말하고 있다. 그러나 물어보지 않을 수 없는 것은 생활 세계가 이미 자본주의에 의하여, 그 심리적 습관과 관습에 의하여 침해되어 있다면, 어떻게 생활 세계의 대화가 그러한 토의를 위한 공적 공간을 구성하겠는가 하는 것이다.

여기에 대하여 공론의 공간과 생활 세계는 반드시 일치하지 않는다고 생각할 수밖에 없다. 그런데 공론의 공간을 보다 엄숙한 논의의 장이 되게 하는 경우 그것은 어디에, 어떤 현실적인 조건하에서 존재하게 되는가? 하버마스는, 조건이 어떠한 것이든지 간에, 공적 토의 자체가 이성을 탄생하게 한다고 생각한다. 그런데 그러한 것이 있고 거기에서 합의가 이루어진다고 하여도, 그것이 합리적 이기주의의 테두리를 벗어날 수 있는가? 그러한 합의가 있을 수 있다고 할 때, 가장 간단한 합의의 형태는 각자가 가지고 있는 이해관계를 공평한 원칙에 따라서 배분하는 것일 것이다. 이 "성찰적 균형"은 — 존 롤스의 용어를 사용하건대 — 물론 개인적 이해를 넘어선 공적 필요를 인정하는 것을 포함할 수 있다. 그러나 그것도 개인적 손익 계산의 균형에 문제가 없는 한도에서 가능할 것이다.

그런데 여기에서 다시 한 번 이러한 계산과 토의와 합의에 들어가는 개인이란 누구인가를 물어볼 필요가 있다. 그것은 인간을 지나치게 좁게 해석하는 것으로 생각되기 때문이다. 이 개인은 단순히 주어진 대로의 개체일까? 하버마스에게 개인은 무엇보다도 그 이성적 능력 — 그가 흔히 강조하는 이성적 능력의 담지자라는 특성을 가지고 있다. 그러나 이것은 의사소통의 과정에서, 그리고 다른 사람의 견해를 반성적으로 성찰하는 데에서 성립한다. 그러니만큼 그것은 보다 이성주의적인 관점에서의 확실한 주체에 의하여 담지된다고 할 필요는 없다. 그러나 이성이 닻을 내리고 있는 것은 개인의 개인됨이고, 그러니만큼 그 이성의 거점은 개인의 이해관계를 늘 염두에 두는, 이기주의까지는 아니라도 개인주의적 입장을 벗어날 수 없다고 할 것이다. 이러한 것을 말하는 것은 그것이 개인주의를 초월하는 입장을 가진 것으로 말하기가 어렵다는 것을 다시 한 번 지적하자는 것이다. 그러한 입장의 개인에게 윤리적 판단은 어떻게 가능한가?

윤리적 판단은 어떤 경우 개인으로는 자기희생을 무릅쓰는 것일 수도 있다. 하버마스가 이 점에 대하여 어떻게 생각하는가는 다시 검토해야 할 것이다. 그러나 간단히 그에 대하여 언급해 볼 수는 있다. 이 머리말의 필자가 다른 자리에서 언급한 일이 있지만, 하버마스는 라칭거 추기경(후에 베네딕토 16세 교황이 되었다.)과 세속 사회의 원리에 대하여 토론을 가진 일이 있다.(2004년 1월 19일) 교황의 주장은 종교적 경험이 세속 사회에서도 윤리 도덕의 기초가 된다고 한 데 대하여, 하버마스는 어디까지나 세속적인 이성이 오늘의 민주 사회의 원리가 된다고 주장하였다. 이 이성은 물론 개인의 이익을 옹호하는 데에도 작용하지만, '공공선'을 옹호하는 데에도 작용한다. 그것은 공공선이라는 사회 구성의 총체에 대한 헌신에서 나오는데, 이것은 개인 이익의 총체를 말하고, 또 어떤 방식인지는 분명치 않지만, 그 구성에 대한 의무감에서 연유한다.

여기에서 주목하고자 하는 것은, 그러한 사회적 이성의 윤리적 규범에 대한 긍정적 관계가 서구의 종교적 윤리적 전통에 관계된다는 것을 하버마스가 시인하였다는 사실이다. 인간의 내면은 그것을 깊이 천착해 볼 때, 반드시 개인적 이익으로만 구성된다고 할 수 없다. 작은 의미에서의 자기를 넘어가는 윤리적 실천은 보다 큰 의미에서의 개체적 가능성을 실현하는 일일 수도 있다. 플라톤 또는 아리스토텔레스는 영혼의 균형을 유지하는 것, 또는 그것을 되찾는 것이 참다운 인간 행복의 실현 방법이라고 말한 바 있다. 개인을 넘어가는 가치도 보다 큰 의미에서의 자기 성취의 결과일 수 있다는 것이 동서양의 인간성에 대한 관찰이 아닌가 한다. 그리고 이것은 자연과 환경에 대한 판단에 있어서도 그러하다.

위에서 본 이덕환 교수의 글 가운데 환경 문제를 논하는 부분에서, 문학 작품과 예술에는 "자연의 장엄함과 아름다움"을 예찬하는 것이 많은데, 이러한 데에서 나오는 자연 예찬은 "자연적인 것은 모두 선하고, 자연을 인공적으로 가공하는 것은 모두 악"이라는 극단적인 녹색주의로 이어질 수 있다고 이 교수는 말하고, 이러한 단순화에 대하여 주의를 환기한 바 있다. 그것은 타당한 경고이다. 다만 "자연의 장엄함과 아름다움"이 인간의 생태적 감각에 중요한 요소를 이룬다는 것도 부정할 수 없는 사실이라 할 것이다. 환경철학자 한스 요나스는 자연의 생태계를 존중해야 하는 이유로서, 사람이 사는 조건으로서의 자연환경을 강조하고, 그에 대하여 인간이 윤리적 책임을 지는 것이 마땅하다는 것을 강조하였다. 사실 그는 이 책임 개념에 입각하여 환경철학론을 펴고자 하였다. 사람의 과학 기술이 너무나 강력하여졌기 때문에 그것을 절제를 가지고 사용하는 것이 필수적인 일이 된 것이다. 물론 그의 주장대로 자연을 보존하여야 하는 것은 그것이 인간의 삶의 조건을 구성하기 때문이다. 이러한 논리는, 다른 많은 환경론자들의 경우나 마찬가지로, 삶의 수단으로서의 자연이 사라지게 해서는 안 된다는 주장이다. 그것은 다분히 공리주의적인 입장을 나타낸다. 다만 그것을 공리로서만 아니라 윤리적 책임으로 옮겨 놓은 것이 요나스를 다른 공리주의 환경론자와 다르게 한다.

다시 더 나아가면, 요나스는 사실 신학자이기도 하기 때문에, 자연의 "성스러움" 그리고 "성스러움에 대하여 인간이 갖는 외경감"을 환기하고 싶기도 한 것으로 보인다. 다만 그는 물질적 목적과 수단 또는 경제적 목적과 수단에도 호소할 수 있는 이론을 전개하는 것이 시대적으로 적절하다고 생각한 것이 아닌가 한다.[1] 사실 사람이 자연 앞에서 느끼는 것이 일종의 외경심인 것은 틀림이 없다. 칸트를 비롯한 서구 미학론에서 '숭고미'는 이러한 느낌을 중요한 미적 체험으로서 다루어 왔다. 그리고 이러한 느낌은 단순히 이론이 아니라 자연을 존중하는 사람의 마음에 직접적으로 작용하는 것이라고 할 것이다. 이것은 숭엄한 윤리적 행동의 모범 앞에서도 사람이 느끼는 것이다. 모든 진선미는 우리에게 그러한 느낌을 촉발한다. 다만 그것이 규범으로 발전하지 못하고 물질적 가치 앞에 소멸하는 것이 오늘의 세속 세계의 현상이다.

위에서 말한, 사회에 작용하는 세 요인 ─ 경제, 문화, 정치에서 문화에 독자적인 기능이 있다면, 이러한 것들의 의미를 오늘의 세계에서도 잊히지 않게 하는 일이라고 할 수 있다. 진선미의 가치는 개인적으로나 사회적으로나 인간 문명 전체로나 인간의 인간으로서의 자기완성에 빼놓을 수 없는 매개체이다. 다만 이것이 어떻게 현실의 일부가 될 수 있느냐 하는 것은 연구되어야 할 중요한 과제라 할 것이다.

'자연, 물질, 인간' 부분의 여러 글을 소개하는 글이 너무 길어졌다. 글들이 오늘의 우리에게 갖는 의미를 생각하면서 글들의 연결을 설명하다 보니 그렇게 될 수밖에 없었다. 여기에 마지막으로 연결되어야 하는 글은 김인환 교수의 '자연과 예술'에 관한 글이다. 이 제목이 시사하는 것, 적어도 이 필자의 마음에 시사하는 것은 조금 전에 이야기되었다. 사람은 지구에 거주하면서 불가피하게 집과 도시를 짓고 정치와 경제에 종사한다. 그러면서도 한편으로는 거주지가 우주 공간 속에 있다는 것을 느끼지 않을 수 없고, 또 다른 한편으로 보다 좁게 한정된, 그러면서도 한없이 넓은 지구에서의 땅과 생명의 장엄함과 아름다움을 직접적인 감각에 접하고 또 그 크고 넓은 의미를 생각하게 된다. 이러한 것들은 철학이나 과학으로 설명될 수 있는 것이기도 하지만, 예로부터 문학과 예술의 표현 속에 기록되어 왔던 일이다. 그리하여 사람들은 거기에 비추어 자신의 중심을 잡기도 하고 위안을 얻기도 하고 또 삶의 무상을 체감하기도 하였다.

그러나 김인환 교수는 자연과 예술 하면 쉽게 연상할 수 있는 이러한 안이한 접근을 선택하지 않았다. 그의 글은 제목이 시사하는 주제에 맞지 않는다고 할 수도 있고, 어떻게 보면 그것을 매우 높은 차원 또는 근본적인 차원에서 접근한다고 할 수도 있다. 이 글은 자연에 맞추어 생각하고 쓰고 살려고 하는 것이 무엇인가를 말하고자 하는 것으로 보인다. 그러나 텍스트는 옛날의 역서(易書)나 예언서(豫言書)처럼 해독하기가 쉽지 않다. 그리하여 다른 글들보다도 연결과 해설을 필요로 한다고 할 수 있다.

글을 이끌어 가고 있는 주제는 글의 머리에 두 번째로 인용되어 있는 예이츠의 시, 「조용한 처녀(Maid Quiet)」에서 찾을 수 있지 않나 한다. 다시 한 번 그 시를 번역된 대로 인용해 보기로 한다.

팥빛 모자 까닥이며
조용한 처녀 어디를 가나?
별들을 깨운 바람이
내 핏속에 불고 있네.
그녀 가려고 일어설 때
내 어찌 태연할 수 있으랴?

번개를 부르는 소리

이제 내 가슴에 파고드네.

이 시의 핵심은 두 가지 다른 현상이 병치된 데에 있다. 처음의 사건은, 말 없는 여자가 일어나 사라졌고, 그것을 보고 있던 자신도 평정을 유지하였던 것이다. (우리말 번역은 과거형과 현재형의 구별을 분명히 하지 않고 있는데, 번역에서도 이것을 밝히는 것이 필요했을 것이다.) 그런데 지금에 와서, 사건 후에야 시인은 별들 위로 부는 바람, 천둥 번개라고 불러야 맞을 듯한 미처 하지 못한 말들이 피를 끓게 하는 것을 느낀다. 시인이 묻고 있는 것은 아무 일도 없는 것 같았는데, 어떻게 이러한 천지를 뒤흔들 듯한 감정이 이는 것인가 하는 질문이다. 그러한 감정은 어디에서 오는 것인가? 이것을 간단하게 설명할 도리는 없다. 단지 남녀 간의 사랑에는 예측할 수 없는 우여곡절과 격렬한 감정이 존재한다는 것을 하나의 신비로서 인정할 수 있을 뿐이다.

이 시를 이렇게 읽고 나서 우리가 추측하게 되는 것은 그때그때 일어나는 많은 일들의 의미는 합리적으로 설명할 수 없다는 것이 이 글의 주제라는 것이다. 합리적 설명의 불가능은 이 시의 운율을 분석하는 것으로도 뒷받침된다. 운율은, 음악 일반과 함께, 합리적으로 이해할 수 없는 현상이다.

이 글의 시 해석 부분에 이어서 나오는 아도르노와 몽테뉴의 에세이론, 미술과 수학의 대조, 노자 인용 등도 위의 주제 — 즉 많은 현상적 사실은 합리적 이론으로 설명될 수 없다는 주제를 계속한다. 아도르노의 에세이론은, 김인환 교수에 의하면, 에세이가 논리를 좇는

논문에 대한 항의라는 주장을 담고 있다. 그러면서 그것은 생각의 대상을 더 철저하게 따져 보고 스스로를 반성하는 글 쓰는 법이다. 김인환 교수는, 또 몽테뉴를 인용하여, 무엇을 아느냐고 물어보면, 아무 것도 아는 것이 없다고 하는 것이 세상에 가장 현명한 사람(아마 소크라테스인 듯)의 대답이었다고 말한다. 노자는, 사람이 아는 세계의 사물들은 실체를 가지고 있는 듯하지만, 사실은 그 의미는 형상적 실체의 사이에 존재한다고 말한다. 바퀴, 그릇, 집은 그러한 물질적 테두리 안에 존재하는 비어 있는 내적 공간에 그 의미를 갖는 사물들이다. 있음과 없음도 서로 보완적 관계에 있다. 사람에게는 있는 것이 중요할는지 모르지만, 있음은 없음으로 하여 좋은 것이 된다.

미술과 수학의 대조에서는 미술은 개별성에서 시작하여 개별성으로 끝나는 작업인 데 대하여, 수학은 개별성에서 시작하여 보편성으로 끝난다. 수학의 이러한 전이(轉移)의 모습은 삼각형을 그리고 거기에서 피타고라스의 일반 법칙을 추출하는 데에서 볼 수 있다. 미술은 말할 것도 없이 감각적 체험을 떠나지 않는다. 그러면서도 그것은 그 나름으로 진실을 전달한다. 원근법을 활용하는 그림은 한없이 요동하는 인간의 시각을 하나의 관점으로 고정함으로써 시각 현상을 보다 분명하게 파악할 수 있게 한다. (물론 그 고정은 동시에 시각의 세계가 끊임없이 흔들리고 있는 세계라는 것도 알 수 있게 한다.) 그림의 사실성과 그 초월 ── (반드시 보편성에로의 초월이 아닌) 초월은 현실에 대한 정치적 메시지를 전달하게 하는 매체가 되기도 한다. 피카소의 「게르니카」는 전쟁과 고통에 일그러진 모든 인간의 모습을 보여 준다. 그러면서 그 모습들은 동시에 형식화되고, 그림에 나오는 형상들은 하나의 구도를 이룬다. 그럼으로 하여, 그림은, 김인환 교수의 표현으로, "일반적인 개괄(매거와 통관)을 천박하게 생각하고 현실의 균열을 매끄럽게 가리는 개념 체계에 반대한다." 그러면서 그림의 단위들은 서로 의존하면서 하나의 총체를 구성한다.

단편적 현실의 진실을 옹호하는 관점은 이러한 여러 예들에 이어서 나오는 퇴계와 연암의 글과 사상을 다루는 부분에 계속 발견된다. 적어도 그것이 김인환 교수의 설명이다. 데카르트적 사유, 서양적 사유에 비하여 한국의 선비들의 사고는 자연을 따라 살 뿐만 아니라 자연스러운 방법으로 생각하고 쓰고자 하였다는 것으로 말할 수 있다. 퇴계에 있어서, 자연스럽다는 것이 모든 것의 표준이 된다는 것은 제일 간단하게는 그의 공부 방법에서 느껴 볼 수 있다. 가령 선현의 말을 익히는 방법을 퇴계는 이렇게 말한다.

무릇 성현의 말씀하신 곳이 드러나 보이면 드러남에 따라 구할 뿐, 감히 그것을 경솔하게 숨겨진 곳에서 찾지 않습니다. 그 말씀이 숨겨져 있으면 그 숨겨진 것을 따라 궁구할 뿐, 감히 그것을 드러난 곳에서 추측하지 않으며 얕으면 그 얕음에 말미암을 뿐, 감히 깊이 파고들지 않으며 깊으면 그 깊은 곳으로 나아갈 뿐, 감히 얕은 곳에서 머무르지 않습니다.

어려운 것을 쉽게 설명하려 하지 않고 쉬운 것을 어렵게 생각하지 않는다는 것은 무엇을 말하는가? 그것은 주석을 붙이듯 설명하지 않고 있는 그대로를 음미한다는 말로 생각된다. 계속 음미 명상하는 것만이 공부의 방법이다. 공부를 지나치게 강행하면 병에 걸린다고 퇴계는 자신의 경험을 통하여 말한다. 그러니까 서서히 글로 되돌아가는 것이 방법이다. 파고들지는 않아야 한다. 그리고 휴식을 위하여 그림, 글씨, 꽃, 화초를 완상하는 것도 좋은 일이다. 요점은 마음과 기운을 늘 "화순한 상태"에 두도록 하는 것이다. 이러한 공부를 통해서 궁극적으로 이르게 되는 경지도 더욱 깊은 화순한 상태에 이르는 것이다. 비유적으로 이것을 나타내는 것은 물이다.

> 맑고 고요하게 흐르는 것이 물의 본성입니다. 그것이 흙탕을 지나다 흐려진다거나 험준한 곳을 만나 파도가 거세지는 것은 물의 본성이 아닙니다. 그것도 물이라 하지 않을 수는 없지만, 특별히 만난 환경이 달라서 그렇게 된 것일 뿐입니다.

퇴계의 최종적인 입장은 인식론적으로나 윤리 도덕의 관점에서나, 경(敬)에 위치하는 것(居敬), 또는 김인환 교수가 소개도 있듯이, (영어로 번역하여) mindfulness, 즉 마음을 사물과 환경과 마음의 상태에 집중하는 경지에 이르는 것이었다. 이것은 리(理)를 존중하는 이상주의인데, 보다 혼란한 시대에 살았던 연암은 말할 것도 없이 실학의 대가이지만, 자연스러운 삶의 태도를 존중하였다는 점에서는, 김인환 교수의 생각으로는, 같은 전통에 있는 선비였다고 할 수 있다.
말할 것도 없이 연암은 주자학과 관련이 있다고 생각되는 조선조의 여러 사회 제도에 대하여 극히 비판적이었다. 「양반전」, 「허생전」, 「호질」 등 여러 풍자 소설들은 이러한 모순을 신랄하면서 유머를 가지고 그려 낸 것이다. 아마, 김인환 교수의 생각으로는 조선조의 제도적 모순은 그것이 자연을 떠난 삶의 방식이라는 데에 기인한 것이라고 할는지 모른다. 연암의 자연에 대한 친화감은 그의 농사에 관한 여러 저서에 잘 나타난다. 농사에 대한 그의 지침은 극히 자상하다. 1799년의 저서 『과농소초(課農小抄)』에 나오는 땅 갈기에 관한 지침은, 김 교수의 해설에 따르면, 다음과 같다. "거친 땅을 개간할 때에 써레와 쇠스랑으로 두 번 흙을 고르고 기장, 조, 피 따위를 뿌린 후에 흙을 덮고 흙덩어리 부수는 일을 두 번 하면 이듬해에 벼를 심을 수 있다." 김인환 교수가 보여 주고 있는, 이 책의 목차만 보아도, 연암이 얼마나 자연환경에 가까웠던가를 느낄 수 있다. "(1) 때, (2) 날씨, (3) 흙, (4) 연모, (5) 밭갈이, (6) 거름, (7) 물, (8) 씨앗, (9) 심기, (10) 김매기, (11) 거두기, (12) 소, (13) 소유 제한". 이것이 목차이다.

연암은 농사법에 대한 자세한 이해를 가지고 있었지만, 물론 농사 기구의 개선도 생각하고 농사 제도 그리고 사회 제도의 변혁에 대하여서도 생각하였다. 그러나 김인환 교수는 연암이 "원리로 쉽게 환원할 수 없는 사실의 완강함과 준열함을 투철하게 인식하고 있었"던 사람이었다고 말한다. 그리고 "현실의 계기는 무한하고 개념의 체계는 유한하므로 현실의 세부를 통해서 하나하나 검증하지 않은 지식은 현실 인식에 도움이 되지 않는다고 생각했다." 이렇게 연암을 철저한 미세 현실의 옹호자로 말하여 그야말로 정신적으로만 그러한 것이 아니라 정치와 경제와 노동의 현실을 철저하게 안 사람이라고 김인환 교수는 생각한다. 그러면서도 퇴계도 그러한 자연의 길을 간 사람이라고 말한다. 그러면서 그 차이를 규정하여 한 사람은 자연에서 이상적 질서를 찾아내려 한 이상주의자이고, 다른 사람은 자연에서 풀어내야 할 문제를 찾아내려 한 현실주의자라고 말한다.

  김인환 교수의 글을 이렇게 풀어 보면, 당초의 인상과는 달리 참으로 자연과 인간의 관계를 깊이 있게 헤쳐 보려고 한 것이 그의 의도라고 할 수 있다. 다만 그것은 처음의 계획에서 기대한 바와 같은 자연과 예술의 관계를 밝히는 글은 아니다. 어쩌면, 그의 글을 이해하기 어렵게 하는 것은 이 제목과 내용이 서로 상치한 때문인지도 모른다. 그러나 그의 글이 깊은 성찰의 소산임은 틀림이 없다. 그리고 단순히 예술을 두고 말한 것보다는 삶의 방식을 두고 말하여, '자연, 물질, 인간'의 주제, 자연 그리고 물질적 세계에 거주를 마련해야 하는 인간의 문제를 더 의미 있게 생각하는 글이 되었다고 할 수도 있다.

  '문화의 안과 밖'은 이 책에서 일단의 정리를 하고, 다음 책부터 우리 사정이 가지고 있는 특별한 문제들 — 문명의 대립, 근대화, 양성 평등, 민주주의, 평화, 대량 정보의 발달, 평화 등의 문제에 대한 고찰로 넘어가게 된다.

문화의 안과 밖 자문위원장 김우창

차례

시장과 국가
그리고 생활 세계

경제, 문화, 정치

이정전

서울대학교 명예교수

1 경제와 문화

1 문화적 배경과 경제 성장

우리는 흔히 '경제'라고 하면 돈과 시장을 연상하게 되고, '정치'라고 하면 권력과 정부를 연상하게 된다. 하지만 '문화'라고 하면 그 범위가 너무 넓어서 막연하다는 생각과 함께 온갖 잡동사니를 연상하게 된다. 학자에 따라 문화에 대한 정의도 약간씩 다른데, 어떤 학자는 사회의 지적, 음악적, 예술적, 문학적 결과물을 가리킨다고 말하고, 어떤 학자는 사회의 전체적인 생활 방식이라고 풀이한다. 『문명의 충돌』이라는 저서로 우리에게도 잘 알려진 새뮤얼 헌팅턴은 문화를 한 사회 내에서 우세하게 나타나는 가치, 태도, 신념, 지향점, 그리고 전제 조건 등이라고 정의하였다.[1]

경제, 문화, 정치, 이 세 가지 개념에 대응해서 우리 삶도 크게 세 영역으로 나누어 볼 수 있다. 경제 영역, 정치 영역, 그리고 위르겐 하버마스가 말하는 생활 세계가 그것이다. 경제 영역은 주로 화폐를 매개로 행위가 조정되는 영역으로서 효율이 최고의 가치로 간주된다. 정치 영역은 주로 권력을 매개로 행위가 조정되는 영역으로서 평등이 최고의 중요한 가치로 간주된다. 생활 세계는 직접적 인간관계를 바탕으로 일상생활이 이루어지는 영역인데, 하버마스에 의하면, 사람들이 대화(의사소통)를 매개로 문화적으로 익숙한 가치를 공유하면서 서로 연대감을 가지고 살아가는 지평이다. 따라서 생활 세계는 문화를 담고 있으면서 문화가 구체적으로 펼쳐지는 영역이라고 해석할 수 있다. 그러나 이 세 영역은 따로 분리되어 있는 것이 아니라 혼연일체다. 다만 어떤 시각에서 보느냐에 따라 그 어느 한 영역이 더 두드러지게 나타날 뿐이다. 경제, 문화, 그리고 정치는 서로 영향을 주고받으면서 복잡하게 얽혀 있어서 어느 한 분야의 변화가 다른 분야의 변화를 이끌어 내게 되어 있다.

「문화는 정말 중요하다」라는 제목의 글에서 헌팅턴은 한국과 가나를 비교하다가 깜짝 놀랐다고 술회하고 있다.[2] 1960년 당시 두 나라의 경제 상황은 아주 비슷했다. 1인당 국민 소득도 비슷했고 경제 구조도 비슷했다. 두 나라 모두 제대로 만들어 내는 공산품이 거의 없었다. 게다가 두 나라는 상당한 경제 원조를 받고 있었다. 그러나 불과 30년 뒤 한국은 세계 14위의 경제 규모를 가진 산업 강국으로 발전했고 민주 제도를 착실히 다져 간 반면에 가나는 그러지 못한 결과 1인당 국민 소득이 한국의 15분의 1 수준으로 처졌다. 세계의 그 많은 나라들 중에서 왜 어떤 나라는 눈부신 경제 발전을 이루고 또 어떤 나라는 왜 아직도 지지리 못사는가? 헌팅턴은 '문화'가 결정적 요인이었다고 주장한다. 한국인들은 검약, 투자, 근면, 교육, 조직, 기강 등을 중요한 가치로 여긴 반면, 가나 국민들은 다른 가치관을 가지고 있었다는 것이다.[3]

사실 헌팅턴보다 훨씬 앞서서 경제에 미치는 문화의 중요성을 깨우쳐 준 석학이 있었다. 막스 베버는 『신교도주의 윤리와 자본주의 정신』이라는 유명한 저서에서 자본주의의 발흥이 본질적으로 종교에 바탕을 둔 문화적 현상임을 갈파하였다. 신교도주의(Protestantism)가 경제 발전에 유리한 생활의 윤리를 만들어 냄으로써 자본주의의 융성을 가져왔다는 것이다. 비록 신교도주의의 종교적 가르침 그리고 이에 대한 군은 믿음이 한두 세대 이상 지속되지 못했지만 이것이 낳은 근면, 검약, 성실, 교육열 등이 세속적인 행동 규칙으로 굳어졌고, 이런 가치들이 기업 운영과 자본 축적에 큰 도움이 되었다고 볼 수 있다.

그러나 이런 가치들이 신교도주의가 우세하던 유럽 국가에만 있었다고 단정할 수는 없다. 중국이나 이슬람 사회에서도 근면, 검약, 성실, 교육열 등은 늘 존중되어 왔다. 그런데 왜 이런 사회에서는 자본주의가 일찍이 융성하지 못했을까? 자본주의는 두 가지 인간의 본성에 의존하고 있다. 경쟁심 그리고 쾌락이나 만족을 추구하는 욕망이 그것이다. 그러므로 자본주의 경제가 발달하기 위해서는 이 두 가지 본성을 효과적으로 추동하는 사회 분위기가 중요하다. 즉 이윤과 부의 추구를 용인하고 시장의 원리를 인정하는 사회 분위기가 중요하다는 것이다.[4] 베버의 논리를 따르면, 신교도주의가 결과적으로 유럽 국가에 이런 사회 분위기를 조성함으로써 지속적 자본주의 발전을 가능하게 하였다. 하지만 신교도주의가 아니더라도 다른 계기에 의해서 그런 사회 분위기가 조성되면 비기독교 국가에서도 자본주의 경제 발전이 가능하다. 그 한 예로 19세기 후반 일본의 비약적 발전이 꼽힌다.[5] 일본뿐만이 아니다. 1970년대와 1980년대에 '네 마리의 용'이 등장하면서 "아시아 문화는 경제 성장을 일으킬 능력이 없다." 라는 오랜 가정이 깨져 버렸다고 하는데, 이때의 아시아 문화는 주로 유교 문화를 핵심으로 하는 것이다.[6] 유교 문화의 종주국인 중국이 미래에 자본주의를 적극적으로 실천하는 국가가 될 것임을 베버가 예언하였다는 사실은 비기독교 국가에서도 자본주의 발전이 얼마든지 가능하다고 베버 자신도 생각하였음을 시사한다. 그럼에도 그가 신교도주의를 특히 부각한 것은 당시의 시대적 상황과 관련이 있다.[7] 즉, 산업 혁명 당시 자본주의 경제 발전이 가톨릭 국가보다는 신교도주의 국가에서 더 두드러졌다는 점에 주목하고, 베버는 그 구체적 원인을 신교도주의 윤리에서 찾았을 뿐이다.

유교 문화가 자본주의 발전에 미치는 영향에 관해서는 학자들 사이에서도 의견이 분분하다. 비록 일본과 아시아의 '네 마리 용'이 유교 문화에 속한다고는 하지만, 그렇다고 유교 문화 때문에 이 나라들이 경제 발전을 이루었다고 한마디로 단정하기는 어렵다. 자본주의 경제 발전에 도움이 되는 요소들을 유교 문화가 아무리 많이 포함하고 있어도 이것들이 실제로 활용되지 않는다면 소용이 없다. 한국, 일본, 대만, 그리고 싱가포르의 공통점은 정부 주도로 경제 성장을 이루었다는 점이다. 이 네 나라에서는 정부가 그런 요소들을 효과적으로 자본주의 경제 발전의 밑거름으로 삼았고, 그럼으로써 비약적 경제 성장을 이루었다고 보는 것이 옳을 것이다.

비록 베버의 이론이 유명하지만, 대체로 경제학자들은 베버의 이론에 시큰둥한 편이다. 시장 거래를 통해서 이익을 얻으려는 심성이 거의 본능에 가깝다는 애덤 스미스의 주장이 옳다고 하자. 그리고 인간이 대체로 합리적인 존재라고 하자. 경제학자들은 이 두 가지를 굳게 믿고 있는데, 그렇다면 시장이 잘 돌아가도록 멍석만 깔아 놓으면 (다시 말해서 시장 친화적 경제 정책을 실시하면) 문화와 무관하게 어느 사회나 경제적 발전을 이룰 수 있다는 것이 경제학자들의 생각이다. 예를 들어서 세계 모든 나라들이 관세를 비롯한 각종 무역 장벽을 없애고 자유 무역을 지향하면, 모두가 경제 성장을 이루면서 골고루 잘 살 수 있게 된다는 것이다.

그러나 문화의 중요성을 강조하는 학자들은 경제학자들의 이런 낙관론이 현실과 맞지 않는다고 맞받아친다. 미국이나 말레이시아, 필리핀과 같은 다민족-다문화 국가를 보자. 이들 나라의 국민은 모두 동일한 경제 정책과 경제 지표 아래 활동하는데, 경제적 성과를 보면 인종별로 뚜렷한 차이가 있다. 예를 들면 태국, 말레이시아, 인도네시아, 필리핀, 미국 등지에서 활약하는 중국계 인종은 자신들만의 독특한 문화를 간직하면서 다른 문화적 배경을 가진 인종들에 비해서 월등히 우월한 경제적 지위를 누리고 있다. 브라질과 미국에서 활약하는 일본계 인종이 그렇고, 스페인과 라틴 아메리카에서 활약하는 바스크족이 그러하다. 그리고 전 세계 어디에서나 활약하고 있는 유대계 인종도 그러하다. 이러한 사례들은 경제학의 전통적 사고방식만으로는 설명하기 어려운 구석이 분명히 있음을 시사한다.[8] 경제 성장에 문화는 역시 중요하며, 이 과정에서 정부의 역할도 중요하다. 한국, 일본, 대만, 싱가포르 등 아시아 국가들의 비약적 경제 발전이 시장 원리의 자연스러운 확산 덕분에 이루어진 것이 아니라 치밀한 사전 계획 아래 정부가 주도한 결과라는 사실, 그리고 선진국에서 경제가 위기에 빠질 때마다 정부가 나서서 시장을 구출해 냈다는 사실을 신자유주의 성향의 경제학자들은 너무 가볍게 보는 경향이 있다.

경제학자들이 말하는 그 두 가지 기본 전제에도 문제가 있다. 과연 인간이 그렇게 합리적인 존재인가? 근래 첨단 과학 분야의 학자들은 그렇지 않다는 현실적 증거를 끝도 없이 제시하고 있다. 인간이 진정 그렇게 합리적이라면 2008년 미국 금융 시장이 어떻게 그렇게 어이없이 무너져 내릴 수 있는가? 오늘날 뇌과학자들은 인류가 석기 시대의 두뇌로 복잡다단한 현대 산업 사회를 살아가고 있다고 말한다. 자본주의적 시장 거래 성향이 인간의 본능이라는 주장도 이미 오래전에 강력한 비판을 받았다. 마르크스가 그 앞장에 섰음은 잘 알려진 일이다. 경제 전문가인 앨런 그린스펀 전 미국 연방준비위원회 의장도 한마디 보탰다. 그는 구소련 붕괴 후 오랜 세월이 흘렀음에도 러시아에 아직 진정한 자유 경쟁 시장이 정착되지 않고 있는데, 이를 직접 목격하면서 자본주의가 인간의 본성이라는 생각에 회의를 품게 되었다고 말한다.[9]

2 경제가 문화에 미치는 영향

베버의 주장대로 문화의 덕분이었든 혹은 경제학자들의 주장대로 시장 친화적 경제 정책의 덕분이었든 한 가지 분명한 것은, 산업 혁명 이래 미국을 비롯한 한 줌의 서구 선진국들이 지속적 경제 성장을 이룬 결과 경제 대국으로 군림하게 되었다는 점이다. 이런 경제 성장은 다시 문화에도 큰 영향을 미치게 된다. 따라서 많은 학자들이 이 부분에 주목하고 연구를 수행하였다. 한 연구에 의하면, 과거 태국에는 유능한 젊은이들이 모두 불교 사원에서 몇 년씩이나 정신적 수련을 거치는 관행이 있었지만, 상업이 번성하고 시장이 활성화되면서 그런 관행이 점차 깨지게 되었다.[10] 여러 연구들을 종합해 보면, 한 사회가 경제 성장을 달성함에 따라 문화도 예측 가능한 방향으로 변하는 경향이 있다는 시사점을 얻게 된다. 로널드 잉글하트의 연구는 이를 통계적으로 확인해 주었다. 전 세계 인구의 75퍼센트를 차지하는 65개 사회를 대상으로 세계가치관조사(World Values Survey)가 3차에 걸쳐 조사하여 발표한 방대한 자료를 분석한 결과 잉글하트는 문화에 미치는 경제 성장의 영향이 들쭉날쭉한 것이 아니라 어떤 뚜렷한 패턴을 보이고 있음을 밝혀냈다.[11] 즉 경제 성장의 결과 소득 수준이 높아질수록 전통적 가치보다는 세속적 합리성을 추구하며 생존 가치보다는 자기표현 가치를 중시하는 사회로 변한다는 것이다. 오늘날 부유한 서구 선진국들은 세속적 합리성이 지배하는 개인주의 사회가 이미 되어 있다.

문제는, 그런 서구식 가치관 그리고 이것이 구체화된 서구식 생활 양식이 서구 사회에만 머물지 않고 막강한 경제력을 업고 전 세계로 확산되면서 마치 서구식 생활 양식이 발전의 척도인 것처럼 인식되기에 이르렀다는 것이다. 서구식 생활 양식에 가까운 사회는 발전된 사회요, 그렇지 않은 사회는 미개한 사회 혹은 야만 사회라는 생각이 은연중에 많이 퍼져 있다. 어느 학자는 서구화가 최고이며, 그것이 곧 세계화가 될 것이라고 예언한다.[12]

2022년 월드컵 대회가 열릴 예정인 카타르의 도하를 방문한 미국의 저명한 저널리스트 토머스 프리드먼은 사막에 석유를 퍼부어 만든 이 모래 위의 도시를 뉴욕 맨해튼의 축소판이라고 묘사하였다. 그에 의하면, 지난 반세기 동안 지구촌에서 나타난 가장 두드러진 현상은 미국식 생활 양식이 급속도로 퍼졌고 맨해튼의 축소판이 세계 곳곳에서 독버섯처럼 솟아나고 있다는 것이다. 카타르의 도하 같은 곳이 아프리카 곳곳에 들어서고 있다. 요즈음 중국 대도시의 겉모습 역시 맨해튼과 별로 다르지 않다. 서양식 고층 건물, 백화점, 아파트, 코카콜라와 유럽 명품의 광고가 붙은 상가, 햄버거 가게 등이 즐비하고, 아스팔트 도로에는 자동차가 홍수를 이루고 있으며, 넥타이에 양복을 차려입은 남자들과 미니스커트를 입은 여인들이 거리를 활보하고 있다. 어디 중국뿐이랴. 인도나 남미도 마찬가지다. 그래서 프리드먼은 미국식 생활 양식과 도시화로 세계가 점점 더 비슷해지고 있다고 말한다.[13] 우리나라를 보자. 어느 도시 계획가는 서울이 기억을 상실한 도시라고 말한다.[14] 서울에서 한국이 사라지면서 정체성을 잃고 있다는 것이다. 대량으로 찍어 낸 공산품처럼 서울의 강남은 세계 도처에 존재하는 전형적 서구 도시 계획의 산물에 불과하다고 이 도시 계획가는 말한다.

3 행복의 역설

서구식 생활 양식, 특히 미국식 생활 양식이 전 세계로 퍼져 나가면서 서구 문화 제국주의라는 말이 나도는 가운데 학계에서는 이를 두고 격렬한 논쟁이 벌어졌다. 문화 상대주의(cultural relativism)를 신봉하는 인류학자들은 한 사회의 문화가 다른 사회의 문화보다 우월하다는 판단을 거부한다. 이들은 모든 문화가 저마다의 목표와 윤리를 갖고 있으며, 서구 문화의 시각에서 다른 문화를 판단하고 재단해 서는 안 된다고 주장한다. 이들은 발전이란 결국 서구가 다른 문화권 에 강제로 부과하는 개념에 불과하다고 본다. 역사적으로 보면, 소규 모 동질적 민속사회(folk society)에 살던 사람들이 훨씬 더 조화롭고 행복했다고 많은 저명한 인류학자들이 설교하고 있다.[15]

문화 상대주의를 신봉하는 인류학자들 말대로 서구 문화가 야만 문화보다 더 우월한지 아닌지는 보는 관점에 따라 달라지겠지만, 궁 극적으로 문화의 발전 여부는 국민 개개인에게 행복과 안정된 일상 생활을 제공할 수 있는지 여부에 따라 판단해야 한다고 어느 문화인 류학자는 강조한다.[16] 이 학자의 뜻을 따른다면, 세 가지 중요한 기준 에 입각해서 문화의 발전 여부를 따져 볼 수 있을 것 같다. 국민의 행 복, 개인 생활 및 사회 안정, 그리고 사회의 지속 가능성이 그것이다.

결국 일반 국민에게 가장 중요한 것은 각자의 행복이다. 자유, 평 등, 정의, 인간성 등이 다 좋지만, 이런 것들로 인해서 국민이 행복해 지지 않는다면 무슨 소용이며 국민을 행복하게 해 주지 못하는 문화 가 무슨 소용인가? 그렇다면, 행복의 잣대로 서구 문화를 살펴보자. 지난 반세기 동안 지속적 경제 성장 덕분에 서구 사회가 크게 발전했 다면, 서구 선진국 국민들은 반세기 전보다 훨씬 더 행복해야 하지 않 을까? 하지만 많은 자연과학자들이 밝혀냈듯이 지난 반세기 동안 이 들 국가의 1인당 국민 소득 수준이 3~7배 높아졌음에도 거의 대부 분의 국가에서 국민의 행복 지수는 별 변화가 없었다. 그래서 '행복의 역설'이라는 말이 나오게 되었다.[17] 고도성장 덕분에 우리나라가 선 진국의 문턱을 넘어섰다고는 하지만, 우리 국민의 행복 지수가 낙제

점에 가깝다는 사실이 여러 연구에서 나타나고 있다.[18] 어느 정치가의 말대로, 세계에서 가장 높은 자살률은 어두운 우리의 현실을, 낮은 출산율은 어두운 우리의 미래를 상징적으로 나타내는 지표다.

그렇다면 왜 서구 선진국에서 행복의 역설이 나타났을까? 물론 여러 가지 요인이 복합적으로 작용했겠지만, 서구의 지속적 소득 수준의 향상이 낳은 가치관 및 생활 양식의 변화에서 궁극적 요인을 찾는 연구가 무척 많다. 신교도주의 윤리가 과거 서구 국가들을 경제 성장의 궤도 위에 올려놓았다고 하더라도, 베버도 이미 예상하였듯이 일단 경제가 높은 생산력의 경지에 이른 다음에는 신교도주의 윤리는 쇠락하게 된다. 그리고 그 빈자리를 극단적 이기주의와 금전 만능주의(혹은 물질 만능주의)가 차지한다. 이 결과 서구식 자본주의, 특히 미국식 자본주의는 이른바 '천민자본주의'로 변질되고 있다는 비판을 받아 왔다.[19] 극단적 이기주의와 금전 만능주의는 인간을 목적이 아닌 수단으로 간주하는 사회 분위기를 조장하고 온정적 인간관계를 피상적 인간관계로 대체함으로써 행복의 원천을 파괴하는 주범이다. 베버 역시 자본주의 시장이 팽창하면서 사람들 사이의 결속이 소원해지며, 인간적 관계가 점차 계약적 관계로 대체되고, 온정적 인간관계가 냉엄하고 피상적인 인간관계로 대체되는 경향이 두드러지게 나타날 것이라고 예언한 바 있다.[20] 2014년 상반기 우리 사회를 뒤흔들었던 세월호 대참사도 우리 사회에 팽배한 금전 만능주의가 빚어낸 비극이다. 최근의 한 여론 조사에서 서울 시민의 60퍼센트에 가까운 사람들이 행복을 저해하는 주된 요인으로 금전 만능주의와 극단적 이기주의를 꼽았다는 것은 의미심장하다.[21]

4 한정된 지구촌, 급속하게 늘어가는 '미국인'

개인의 행복에는 소득 수준 못지않게 사회 안정도 중요하다. 경기 과열 때마다 으레 나타나는 투기 열풍 탓으로 전셋값, 월세, 물가가 줄줄이 오르면 많은 서민들은 길거리로 내몰리며, 경기 침체 때에는 일자리를 잃는다. 경기 변동은 서민에게 그야말로 재앙이다. 그런데 역설적이게도 소득 수준의 지속적 상승이 초래한 금전 만능주의와 극단적 이기주의는 경제를 근원적으로 불안정하게 만들고 주기적으로 경제 위기를 몰고 오는 한 요인으로 지목되고 있다. 부동산 투기 및 각종 금융 상품의 개발로 큰돈을 벌어 보겠다는, '돈 놓고 돈 먹기'식 욕망 그리고 금융권과 정치권의 야합이 2008년 미국 금융 시장의 붕괴를 초래하였고 이것이 세계 경제 위기로 이어졌다는 것은 이미 잘 알려진 사실이다. 이 경제 위기가 1930년대 대공황 이후 최대의 위기라고 해서 어떤 학자는 '대침체'라는 말을 쓴다. 어떻든, 이번 대침체의 근본 원인이 인간의 무절제한 탐욕에 있다는 진단에 일부 경제학자들도 수긍하고 있다. 국회 청문회에서 그린스펀은 인간이 과거보다 더 탐욕스러워졌는지는 모르겠지만 자본주의 시장이 그 탐욕을 부릴 기회를 더 많이 제공한 것은 사실이라고 에둘러 증언한 바 있다.

개인의 행복과 사회적 안정이 아무리 중요한들 그것이 지속 가능하지 않으면 소용이 없다. 그러므로 한 사회의 지속 가능성, 나아가서 인류 사회의 지속 가능성 또한 매우 중요하다. 문제는, 서구식 가치관과 생활 양식의 범지구적 확산이 인류 사회의 지속 가능성을 크게 위협하고 있다는 것이다. 사실 이런 우려는 이미 오래전부터 나왔다. 서구식 발전이 이제는 거의 보편적인 목표가 되었다고 어느 학자가 말하고 있지만, 서구식 생활 양식, 특히 미국식 생활 양식은 지극히 환경 파괴적인 생활 양식이다.[22] 세계 곳곳에 복제되고 있다는 뉴욕의 맨해튼은 미국식 생활 양식이 초호화판으로 전개되는 곳이다. 식구 수대로 방이 있고 방마다 에어컨이 설치되어 있는 큼지막한 저택, 작은 영화관 같은 거실, 집집마다 두서너 대씩의 자동차, 어른 손바닥보다 큰 스테이크에 채소와 과일이 듬뿍 곁들인 기름진 식사, 각종 최첨단 가전제품 등등. 이런 것들이 미국식 생활 양식을 상징하고 있다.

그러나 이 미국식 생활 양식은 석유를 물 쓰듯 하고 이산화탄소를 소방차 호스처럼 뿜어내며, 맨해튼은 물먹듯 석유를 먹는 하마다. 미국인들이 이런 생활을 하고 있으니, 세계 인구의 4.6퍼센트밖에 되지 않는 미국인의 이산화탄소 배출량이 세계 총배출량의 20퍼센트를 차지하는 기현상이 벌어지고 있다. 그런데도 세계의 모든 나라가 미국처럼 부자 나라가 되려고 경제 성장에 안간힘을 쓰고 있으며, 세계 모든 나라의 국민이 맨해튼과 같은 곳에서 미국 사람처럼 살고 싶어한다. 중국 사람들 역시 미국식 생활 양식을 좇다 보니 1인당 국민 소득이 미국의 10분의 1도 안 되는데도 이산화탄소 배출량이 미국에 이어 세계 2위를 달리고 있다.

프리드먼은 이 한정된 지구촌에 '미국인'이 급속하게 늘어나고 있다는 것, 바로 여기에 지구촌의 근본 문제가 있다고 말한다. 이렇게 지구촌의 모든 사람들이 미국식 생활 양식을 좇아가면 이 지구가 어떻게 될 것인가? 자원은 점차 고갈되고 대기 중 이산화탄소 농도가 걷잡을 수 없이 높아지면서 지구의 온도가 빠르게 높아질 것이다. 지구촌 모든 사람들의 생활 수준을 현재 미국인의 평균 생활 수준으로 끌어올리기 위해서는 지구가 서너 개 내지 일고여덟 개가 있어야 한다는 계산이 나와 있다. 그렇다면 지구촌 모든 사람이 미국식 생활 양식으로 맨해튼과 같은 곳에서 산다는 것은 불가능하다는 얘기가 된다. 그렇다고 중국 사람, 인도 사람, 아프리카 사람, 남미 사람에게 옛날처럼 살라고 요구할 수는 없다. 이들 모두 미국인처럼 잘살 권리가 있다고 외칠 것이다. 지구촌 사람들의 이 권리와 지구의 한계 사이의 딜레마를 어떻게 극복하느냐가 인류 앞에 가로놓인 최대의 난관이 되고 있다. 이 난관은 자본주의 시장에서 비롯된 것이다.

2 경제와 정치

1 경제적 불평등의 심화

경제학은 인간의 선호(욕망)를 주어진 것으로 보고 이것을 최대한 잘 달성하는 수단의 강구에만 집중하는 까닭에 경제학자들은 대체로 경제와 문화 사이의 관계에 관해서는 무관심한 편이다. 그러나 경제와 정치 사이의 관계에 관해서는 깊은 관심을 가져왔다. 아담 스미스 이래 자유방임의 원칙(정경 분리의 원칙)이 경제학계를 매우 오랫동안 지배해 왔지만, 대공황 이후 이 원칙이 깨지면서 경제 성장 및 경제 안정화를 위한 정부의 역할이 경제학의 핵심 주제가 되어 버린 지 이미 오래다. 이런 가운데 시야를 좀 더 넓혀서 민주주의 정치에 대하여 큰 관심을 가지고 연구하는 경제학자들이 1960년대부터 본격적으로 나타나기 시작하였다. 학계에서는 흔히 이들을 신정치경제학자(혹은 공공선택이론가)라고 부르기도 하는데, 이들은 '정부의 실패'와 민주주의 정치의 비효율성을 집중 부각하면서 정치 영역에 시장의 원리를 대폭 도입할 것을 주문하였다. 그러지 않아도 지속적 경제 성장 탓으로 경제 영역이 크게 팽창하였는데도 이들은 신자유주의자들과 더불어 시장의 확대를 계속 주장한다. 그러나 이들의 이런 주장에는 자본주의 시장의 확산이 정치 영역과 생활 세계에 미칠 악영향을 너무 가볍게 보고 있다는 비판이 떨어진다. 대체로 보면, 경제학자들은 정치가 경제에 미치는 영향에 관해서는 많은 관심을 가지고 있으면서 반대로 경제가 정치나 문화에 미치는 영향에 관해서는 무관심한 편이다.

그런 가운데 정치학자나 철학자 중에는 자본주의 시장의 확산이 민주주의에 미치는 악영향을 심히 우려하는 학자들이 적지 않다. 그중의 하나로 빈부 격차 그리고 이로 인한 사회적 갈등의 심화가 빈번히 꼽힌다. 경제학자들의 낙관적 주장과는 달리 자본주의 시장의 발달은 지난 수십 년 동안 빈부 격차를 확대하는 경향이 있었으며, 이것이 경제 위기를 초래하는 한 원인으로 작용하였다. 예를 들면, 신자유주의 바람이 본격적으로 불기 시작한 1980년 이래 미국에서는 빈부 격차가 지속적으로 벌어지면서 가장 부유한 상위 1퍼센트가 미국 GDP에서 차지하는 몫이 2007년에 23.5퍼센트까지 치솟았다. 그 결과가 2008년 대침체로 귀결되었다. 대공황 전야에도 경제적 불평등이 계속 심해지면서 1929년에 가장 부유한 상위 1퍼센트의 몫이 23.1퍼센트까지 치솟더니 곧이어 대공황이 터졌다.『불평등의 대가』

의 저자 조지프 스티글리츠는 이제 미국이 "1퍼센트를 위한, 1퍼센트에 의한, 1퍼센트의 국가"가 되었다고 말한다.[23] 최근 전 세계적으로 큰 관심을 불러일으키고 있는 『21세기 자본』에서 토마 피케티는 경제 성장률을 능가하는 사적 자본의 높은 수익률이 자본주의의 특징이며, 바로 이것이 경제적 불평등을 심화하는 요인이라고 주장한다.[24] 이런 극심한 경제적 불평등이 2008년 세계 경제 위기 직후 미국 시민들로 하여금 "월가를 점령하라."라는 구호 아래 거리로 뛰쳐나오게 만든 한 원인이 되었으며 비슷한 시위가 유럽 도처에서 벌어졌다. 우리나라의 경제적 불평등도 날이 갈수록 심해지고 있다. 우리나라의 부자 상위 1퍼센트가 GDP에서 차지하는 몫이 1998년에는 6.97퍼센트였으나 2011년에는 11.5퍼센트로 늘어났다. 지금 추세로 보면, 우리나라도 머지않아 "1퍼센트를 위한, 1퍼센트에 의한, 1퍼센트의 국가"가 될 것으로 예상된다.

보수 성향 학자들은 경제 성장을 위해서 불평등이 꼭 필요하다고 늘 주장한다. 아주 틀린 얘기는 아니다. 그러나 그 정도가 문제다. 과도한 불평등이 경제 성장을 저해하는 정도가 아니라 아예 경제를 망친다는 사실을 우리는 1930년대 대공황과 2008년 대침체에서 분명히 보았다. 경제만 망치는 것이 아니라 사회 통합에 위기를 초래함으로써 민주주의를 위협한다. 부가 소수에게 집중되면 이들은 이를 이용해서 과도한 정치적 영향력을 행사한다. 그 결과 법 앞의 평등이 무너지고, 언론과 연구 기관을 통한 진실 호도 및 은폐가 자행된다. 바로 이 때문에 지난 수년간 우리나라에서도 경제 민주화를 요구하는 목소리가 요란하게 울려 퍼졌지만, 결국 대기업의 정치적 압력 앞에

좌절되고 말았다.

인류의 역사는 빈부 격차가 심할 경우 기득권을 지키려는 지배 계층과 소외된 서민 계층 사이의 사회적 갈등이 폭동을 유발하면서 결국 나라를 망하게 한다는 분명한 교훈을 우리에게 주고 있다. 고려 가 그래서 망했고 중국의 수많은 왕조가 그래서 망했으며 로마도 그 래서 망했다. 이런 망국론은 민주주의 국가가 아닌 곳의 얘기라고 치 자. 그러나 민주주의 국가에서도 민주주의 위기론이 심심치 않게 제 기된다.

2 민주주의 모순과 민주주의 위기

선진국에서나 우리나라에서나 정치에 대한 국민의 무관심과 저 조한 투표율이 민주주의 발달의 최대 걸림돌이라는 탄식의 소리가 자주 나온다. 그러나 그 원인에 관해서는 여러 가지 이론이 있다. 특 히 그 원인을 현대 사회의 지배적 특성과 결부 지어 살펴보는 연구들 이 눈길을 끈다. 잉글하트의 연구에 의하면 시장이 활성화되고 경제 성장이 이루어짐에 따라 사회가 점차 세속적 합리성이 지배하는 방 향으로 변해 간다. 이런 추세는 이미 오래전 베버와 하버마스를 비롯 한 수많은 세기의 석학들이 근대화와 현대 사회의 특징으로 주목한 것이기도 하다. 이런 현대 사회의 특징을 정치와 결부시킨 최초의 학 자는 아마도 앤서니 다운스일 것이다. 그는 1957년『민주주의에 대한 경제 이론』이라는, 당시로서는 아주 이상한 제목의 책에서 이 합리성 의 개념을 정치권에 적용함으로써 획기적인 이론을 내놓았다. 이른 바 "합리적 무지(rational ignorance) 가설"이 그것이다.[25] 우리는 흔히 정치에 대한 국민의 무식과 기억 상실증을 지탄하면서 민주주의 위기를 우려하고 있지만, 다운스는 그것이 당연하고 합리적이라는 주장을 폈다. 왜 그런가?

민주주의 제도가 제대로 작동하기 위해서는 국민이 투표권을 현명하게 그리고 적극적으로 행사해야 하는데, 그러기 위해서는 우선 정치 현실을 잘 파악하고 후보자들의 됨됨이와 그들의 공약에 관하여 정보를 수집하고 열심히 공부해야 한다. 하지만 그런다고 해서 돈이 생기는 것도 아니요, 누가 상을 주거나 박수를 쳐 주지도 않는다. 공연히 시간과 정력만 낭비할 뿐이다. 요컨대 정치와 정치가에 관하여 유식해지려고 노력하는 것은 밑지는 장사라는 것이다. 밑지는 장사는 하지 않는 것이 합리적이다. 따라서 합리적이라면 정치에 관하여 무관심하고 무식해진다는 결론에 이르게 된다.

현실에 비추어 보면, 이런 결론을 핵심으로 하는 합리적 무지 가설에 그럴듯해 보이는 구석이 없지 않다. 흔히 미국은 민주주의 최선진국이며, 미국인들은 정치 얘기를 즐기는 국민으로 소문나 있다. 그럼에도 미국 국민의 절반 이상이 자기 지역구 국회의원의 이름을 모른다. 75퍼센트가 국회의원의 임기를 모르며, 60~70퍼센트가 어떤 정당이 다수당인지도 모른다. 국민의 80퍼센트 이상이 당시 부시 대통령의 애완견 이름이 '밀리'라는 것을 알지만, 그가 사형 제도를 지지한다는 사실은 유권자의 15퍼센트밖에 모른다고 한다.[26] 그러니까 일반 국민은 정치에 대하여 안다고 해 봐야 하찮은 것들만 알고 정작 중요한 것은 잘 모른다는 것이다. 우리나라는 어떤가? 2012년 대통령 선거에서 특정 후보를 좌파 빨갱이라고 몰아붙인 노년층 중에서 각

후보의 면면과 과거 경력 그리고 그 주변 인물들의 됨됨이를 정확하게 알고 투표한 사람이 얼마나 될 것인가?

설령 정치인에 관해서 잘못된 생각을 가지고 있다고 해도 일상생활을 해 나가는 데 별지장이 없다. 내가 사자보다 빠르다는 착각은 아프리카 초원에서나 극히 위험할 뿐 우리 일상생활에는 별지장을 주지 않는 것과 같다. 정치에 대한 착각이 때로는 기분 좋은 것일 수도 있다. 마음에 들지 않는 정치인을 좌파 빨갱이로 몰면 속이 시원해진다. 이와 같이 정치에 관한 착각이 그 개인에게 뚜렷한 손실을 주지 않기 때문에 정치에 관해서는 착각이 무성할 수밖에 없다.

다운스의 뒤를 이은 학자들은 합리적 무지 가설을 조금 더 발전시켰다. 설령 정치 현실과 후보자에 대하여 잘 알게 되어도 꼭 투표장에 가서 투표하란 법은 없다. 투표한다고 해서 당장 내 손에 떨어지는 이익은 없다. 내가 던진 한 표가 내가 원하는 후보를 당선시키는 데에 결정적일 확률은 무척 낮다. 그러나 투표를 하러 가려면 교통비도 들고, 무엇보다도 시간을 내야 한다. 이런 것들을 고려하면 투표하는 행위는 얻는 것보다 잃는 것이 더 많은, 손해 보는 장사다. 그러므로 합리적인 유권자는 투표하러 가지 않는다는 결론이 나온다. 그렇다면 합리성이 지배하는 사회에서는 자연히 투표율이 낮을 수밖에 없다.

여기에서 우리는 딜레마에 봉착한다. 비록 개인에게 당장 이익은 없지만 나라를 위해서나 민주주의를 수호하기 위해서는 꼭 투표를 해야 한다. 만일 국민이 정치에 큰 관심을 가지고 정치가들의 일거수일투족을 감시하고 정부의 각종 정책들을 꼼꼼히 점검한 다음 투표를 통해서 무능하고 부패한 정치인들을 솎아 낸다면 정치권이 이렇게 엉망이 되지는 않을 것이요, 세월호 대참사와 같은 비극이 터지지도 않았을 것이다. 세월호 대참사에 대처하는 정부의 무능이 온 국민의 분노를 샀지만, 이 대참사의 원인으로 꼽히는 금전 만능주의, 극단적 이기주의, 관료 마피아, 정경 유착 등 온갖 사회적 병리 역시 민주주의 위기의 징후로 받아들여지고 있다.[27]

선거의 중요한 목적은 정치인과 관료들을 정기적으로 심판함으로써 이들로 하여금 국민을 위해서 봉사하게 만들기 위함이다. 그러기 위해서는 우선 국민이 정치에 관심을 가지고 열심히 공부하고 투표에 참여해야 한다. 문제는, 그래 봐야 각 유권자 개인에게 별 이익이 없다는 것이다. 그래서 결국 정치인과 관료를 제대로 응징하지 못하게 된다. 정치에 관한 올바른 지식과 적극적 투표 참여가 사회적으로는 엄청난 이익이지만 개인에게는 이익이 되지 않는다는 것, 이것이 민주주의가 안고 있는 한 가지 근본적 모순이라고 신정치경제학자들은 주장한다.

3 국민 옆에 왜 정부는 없는가?

정치에 대한 국민의 무관심과 저조한 참여가 반드시 합리적 손익 계산 탓만은 아닐 수도 있다. 이상하게도 자본주의 시장이 발달하면서 사람들의 삶이 점점 더 팍팍해지고 있다. 옛날에는 남편 혼자 벌어도 얼마든지 가족을 먹여 살릴 수 있었지만, 오늘날에는 맞벌이에다 야근을 밥 먹듯이 하지 않으면 먹고살기 어렵다. 이렇게 먹고살기 바쁘고 지쳐 가는 판에 어느 틈에 정치에 깊은 관심을 가지고 공부할 것이며 투표에 적극 참여할 것인가? 그러니 젊은이들의 낮은 투표율과 늙은이들의 높은 투표율이 대조를 이루는 불상사가 벌어진다. 가정 돌봄과 돈벌이의 이중 노동에 시달리는 여성, 시시 때때로 근무지를 옮기면서 직무 불안에 시달리는 비정규직 노동자 등 '시간 쥐어짜기'에 시달리는 노동자들이 늘어 가고 있다.[28] 아무리 시민으로서의 권리가 잘 보장된들 먹고살기 바쁘고 생활에 지쳐서 그것을 제대로 행사할 수 없다면 무의미하다.[29] 이뿐이 아니다. 빈부 격차로 인한 사회 갈등을 제대로 풀지 못하는 정부의 무능 그리고 지식인들의 허구한 이념 논쟁에 많은 국민이 실망하고 아예 정치에 등을 돌리고 있다.[30] 현실적으로 보면, 그런 시간 쥐어짜기와 정부의 무능이 정치에 관한 국민의 무관심과 저조한 참여를 낳은 더 심각한 요인인지도 모른다. 민주주의야말로 시민들이 공적인 일에 관해서 골똘히 생각하고 신중하게 얘기 나눌 여유를 가져야만 발달할 수 있는 정치 제도이다. 그러므로 민주주의의 진정한 발달을 위해서는 시간 쥐어짜기 문제와 정부의 무능은 시급히 해결되어야 할 현실적 과제다.

만일 합리적 무지 가설이 옳다면 이 가설의 핵심이 되는 세속적 합리성 역시 민주주의 발달을 위해서 극복되어야 할 과제다. 하지만 합리적 무지 가설의 현실적 타당성에는 의심스러운 구석이 많이 있다. 과연 유권자들이 그렇게 무식하고 정치에 무관심한지부터 의심스럽다. 그렇지 않다는 증거도 많이 있다. 그럼에도 아직까지도 이 가설이 신정치경제학에 깊이 뿌리박고 있는데, 여기에는 그럴 만한 중요한 이유가 있다. 오늘날 각 나라에서 횡행하고 있는 정경 유착(혹은 신정치경제학에서 말하는 지대 추구), 그리고 이를 둘러싼 온갖 비리와 부정부패를 논리적으로 설명하는 데 이 가설이 좋은 도구가 되기 때문이다. 왜 그럴까? 국민이 정치에 관심이 없고 무지할 때에 나타나는 가장 두드러진 현상은, 대기업을 비롯한 각종 힘 있는 이익 단체들이 발호하면서 국회의원 및 관료들과 결탁하여 '누이 좋고 매부 좋고'식의 거래를 자행하게 된다는 것이다. 바로 이런 정경 유착이 온갖 비리와 부정부패의 온상이 된다는 연구 및 이론들이 지난 수십 년간 무수히 쏟아져 나왔다. 그중에서도 학계의 주목을 받은 이론이 이른바 '포획 이론(capture theory)'이다. 포획 이론이란 정치가 및 관료들이 이익 집단에 포획된 결과 국민의 이익을 저버리고 이익 집단들의 이익에 봉사하게 된다는 이론이다. 정부는 막강한 공권력을 가진 존재다. 따라서 정부에 대하여 영향력을 행사할 수 있는 약삭빠른 사람들은 자신의 이익을 위해서 정부를 이용하려고 애를 쓰며, 실제로 그렇게 한다. 대기업을 필두로 한 특수 이익 단체들이 그런 사람들의 집단이다.[31] 미국 수도권 대학의 교수들은 이 이익 단체들의 로비 활동 그리고 이를 매개로 한 이익 단체와 정치권 사이의 밀착 관계를 코앞에서 익히 보아 왔을 터, 신정치경제학이 미국 수도권의 대학에서 발원한 것이 결코 우연이 아니다.

경제적 불평등이 극심해지는 주된 이유의 하나로 많은 학자들이 정경 유착과 결부된 부정부패를 꼽는다. 대체로 보면, 과거에는 이런 부정부패를 전형적인 후진국 병이라고 보는 경향이 있었다. 시모어 립셋과 개브리얼 렌즈는 선진국의 경우 민주주의의 발달이 부정부패를 방지하는 역할을 한다고 주장하였다.[32] 그러나 2008년 미국 금융 시장의 붕괴는 이런 전통적 주장에 고개를 갸우뚱하게 만들었다. 경제적으로나 정치적으로 세계 최고의 선진국이라고 하는 미국에서 정경 유착과 결부된 부정부패가 만연하였고 결국 이것이 미국 금융 시장 붕괴의 한 요인이 되었기 때문이다.

아무리 유권자들이 정치에 관심이 없고 무식해도 정치가들이 투철한 공익 정신으로 국민에게 봉사하려고 노력한다면 정경 유착은 어려워진다. 따라서 정치가들의 의식이나 태도가 문제가 된다. 이와 관련하여 다운스는 또 하나의 획기적 가설을 내놓았다. 시장에서의 소비자나 기업과 마찬가지로 정치가와 관료들 역시 사리사욕에 따라 합리적으로 행동한다는 것이다. 신정치경제학의 선구자로 추앙받는 제임스 뷰캐넌과 고든 털럭도 이 가설을 적극 받아들였다.[33] 사실 이 가설에도 일리가 있다. 정경 유착이니 부처 이기주의니 하는 말들이 이미 우리 일상생활에 널리 퍼져 있다. 2012년의 한 여론 조사에서 정치인을 어떻게 생각하느냐고 물었더니 응답자의 거의 80퍼센트가 "자신들의 명예와 권력욕만 채우는 사람" 혹은 "자리를 유지하기 위해 분쟁만 일삼는 사람"이라고 답하였다.[34] 이와 비슷한 여론 조사 결과가 과거에도 많이 있었다.

그렇다면 어떻게 정치인과 관료들이 국민에게 봉사하게 만들 것인가? 결국 국민이 정치적으로 깨어서 좀 더 높은 정치의식을 가지고 적극적으로 정치에 참여하는 수밖에 없어 보인다. 이것이야말로 오늘날 우리 앞에 놓인 큰 과제다.

4 체제 정당성의 위기

경제, 문화, 그리고 정치 사이의 삼각관계에서 또 하나 우리가 결코 놓쳐서는 안 되는, 그러나 간과하기 쉬운 것은 세 영역 사이의 적절한 균형이다. 이 세 영역은 각각 독자적인 가치와 원리에 따라 움직이기 때문이다. 플라톤에 의하면, 이 세 영역이 잘 조화된 사회야말로 기본 가치들이 공존하는 정의로운 사회다.[35] 그러나 오래전부터 이 세 영역 사이의 균형이 점차 깨지고 있다. 가장 두드러진 것은 경제 영역의 급팽창이다. 생산이 늘고 소득 수준이 높아짐에 따라 시장에서 거래되는 상품의 양과 종류가 엄청나게 늘어나면서 경제 영역이 크게 확장되는 것은 당연하다. 이에 따라 우리의 삶이 시장에 의존하는 정도 역시 점점 더 커지고 있으며, 그만큼 우리의 일상생활에서 시장 원리의 지배를 받는 범위가 넓어지고 깊어지고 있다. 자본주의 시장에 국한되어야 할 시장의 원리가 월경하여 이제 생활 세계를 지배하게 되었다. 그래서 경제가 사회에 복속하지 않고 반대로 사회가 경제에 복속하였다는 말이 나오게 된다.[36] 하버마스의 표현을 빌리면, 자본주의 시장이 생활 세계를 식민지로 만들었다. 이런 '식민화'의 결과로 나타난 사회의 모습은 어떤 것인가? 플라톤에 의하면 정의롭지 못한 사회요, 행복 전문가들에 의하면 국민의 행복 지수가 발목이 잡힌 사회이며, 하버마스에 의하면 자본주의 체제의 정당성이 뿌리째 흔들리는 위기의 사회다.[37] 하버마스의 주장을 좀 더 들어 보자.

체제의 정당성은 참된 대화를 바탕으로 일구어 낸 국민적 합의에서 나온다. 일상생활에서도 어떤 행동이나 조치의 정당성을 주장할 때에는 그것이 참된 대화를 통하여 합의된 것임을 강조한다. 참된 대화의 중요성을 특히 강조한 하버마스의 입장에서 보면, 시장의 가장 중요한 특징은 참된 대화가 필요 없는 곳이라는 점이다. 슈퍼마켓이나 백화점에서는 말 한마디 없이 얼마든지 원하는 상품을 구매할 수 있다. 상대방이 어떤 사람인지 대화를 통해서 알 필요도 없고 상대방을 이해하려고 노력할 필요도 전혀 없다. 정해진 가격표를 보고 상품을 사고팔면 그뿐이다. 과거 동네 구멍가게는 동네 사람들이 모여서 세상살이 얘기도 하고 정보도 교환하면서 정을 나눌 수 있는 곳이었지만, 지금은 그나마도 대형 마트에 점차 밀려 사라지고 있다.

반면에 생활 세계는 진솔한 대화를 통하여 온정적 인간관계를 형성하며 나아가서 참된 상호 이해를 도모하는 곳이다. 시장이 생활 세계를 잠식한다는 것은 그런 대화의 기회가 줄어든다는 뜻이다. 물론 핸드폰이나 SNS 등이 대화의 기회를 더 풍부하게 제공한다고는 하지만, 역설적이게도 현대인은 그로 인해 오히려 더 큰 외로움과 소외감을 느끼며 산다고 어느 사회학자는 말한다. 수많은 네트워크에 둘러싸인 현대인은 홀로 있을 기회(고독?)를 점점 더 잃고 있다. 홀로 있을 때 사람들은 자신을 돌아보고 타인을 생각함으로써 타인과 진정한 소통의 기반을 닦게 되는데, 그런 고독의 기회가 줄어들면서 오히려 더 외로워지고 있다는 것이다. 우리 사회의 가장 큰 걱정거리로 사회 양극화를 꼽는 어느 철학자는 핸드폰이나 SNS가 우리 사회의 갈등과 반목을 봉합하기는커녕 오히려 증폭하고 있다고 말한다.[38] 다른 생각을 가진 시민에 대한 '일베'나 극좌파 진영의 극단적 혐오와 폭력적 언사가 그런 매체를 통해서 확대 재생산되는 경향이 있다는 것이다.

하버마스의 표현으로는, 생활 세계는 의사소통을 하는 곳이요, "의사소통의 합리성"이 지배하는 세계다. 사회 문제가 터질 때마다 우리는 "대화를 통해서 합리적으로 해결하자."라고 늘 말한다. 우리 사회에 사회 갈등과 이념 갈등의 골이 깊어지면서 진솔한 대화가 더

욱더 절실해지고 있다. 그래서 '불통'이 박근혜 정부의 가장 큰 문제점이라는 비판이 쏟아지고 있다. 아무런 강압이나 강제가 없는 상태에서 모든 사람이 동등한 자격으로 자유롭고 진솔하고 성실하고 허심탄회한 대화를 통해서 서로를 이해하는 가운데 합의에 도달했을 때, 우리는 흔히 "문제가 합리적으로 잘 해결되었다."라고 말한다. 하버마스가 그토록 강조한 의사소통의 합리성은 바로 이런 포괄적 의미의 합리성이다. 바로 이런 의사소통의 합리성을 바탕으로 일구어 낸 합의가 참된 정당성의 궁극적 근거가 되며, 따라서 생활 세계는 사회적 정당성의 근거지다. 그러므로 자본주의 시장에 의한 생활 세계의 침식은 결국 자본주의의 정당성을 제공하는 근거지를 갉아먹는 것이다. 원래 경제 영역과 정치 영역은 생활 세계에서 분화된 것이다. 그러므로 경제 영역과 정치 영역의 정당성이나 권위의 근원은 생활 세계에 뿌리박고 있다. 따라서 자본주의 시장에 의한 생활 세계의 파괴는 결국 체제의 사회적 정당성을 약화하고 사회적 통합을 위협하는 근원적 요인이라는 얘기가 된다.[39] 그렇다면 우리 사회를 정의롭게 만들기 위해서나, 우리 사회를 행복하게 만들기 위해서나, 체제의 정당성을 굳건히 하기 위해서 우리 사회에 의사소통의 합리성을 어떻게 확립할 것인가, 이것이 우리 앞에 놓인 최대의 과제라고 할 수 있다.

물론 의사소통의 합리성을 세우는 것만으로 우리 사회의 적폐가 말끔히 해소되는 것은 아니다. 하버마스가 말하는 의사소통의 합리성이 너무 추상적이고 이상적이어서 현실적이지 못하다는 비판도 있다.[40] 그러나 어느 사회에서나 통할 수 있는 의사소통 합리성의 핵심

시장과 국가 그리고 생활 세계

내용을 꼽으라고 하면, 개인적 이익을 초월한 진솔함과 상대방을 진정으로 이해하려는 태도일 것이다. 이 두 가지를 바탕으로 하는 대화야말로 우리의 사회 갈등과 이념 갈등을 푸는 첫걸음이다.

3 맺는 말

대체로 보면, 경제학자들은 체제의 정당성이니 정의니 의사소통의 합리성이니 하는 추상적인 것에는 별 관심이 없다. 그 대신 생산성이나 효율과 같이 구체적이고 숫자로 나타낼 수 있으며 수학을 이용할 수 있는 것에만 몰입하는 경향이 있다. 경제학이 너무 수학적 정교함을 추구한 결과 현실과 동떨어진 주장만 하고 있다는 비판이 제기된 지 이미 오래다. 심지어 내부에서도 자성의 목소리가 나오고 있다. 수학적이 된다고 해서 논쟁의 여지가 사라지는 것도 아니다. 경제학계에서 치열한 논쟁거리의 하나는, 정부와 시장의 역할 분담에 관한 것이다. 경제학계는 "큰 정부, 작은 시장"을 외치는 진영(주로 케인스학파)과 "작은 정부, 큰 시장"을 요구하는 진영(주로 시카고학파)으로 갈려서 경제학 역사상 가장 치열하고 긴 논쟁을 벌여 왔다. 철학자의 시각에서 보면, 복지 문제의 책임을 최대한 국가에 귀속시키는 쪽과 반대로 최대한 각 개인에게 귀속시키는 쪽의 논쟁으로 요약할 수도 있다. 그러나 시장이 발달하고 시장 원리가 확산됨에 따라 빈부 격차가 확대되고 경기 변동이 심해지는 상황에서 실업, 빈곤, 환경 피해 등 복지의 문제를 전적으로 개인의 탓으로만 돌릴 수 없다는 인식이 확산되고 있다. 이에 따라 국가의 책임 문제가 부각되고 있으며 "작은 정부, 큰 시장"을 요구하는 진영은 국가의 책임 회피를 이론적으로 방조하고 있다는 비난을 받고 있다. 국가의 책임을 당사자의 책임으로 전가하는 이 "책임 전가"의 모순을 제대로 해결하지 못하면 민주주의가 답보 상태에 머물거나 퇴보하게 된다고 어느 철학자는 경고한다.[41]

어떻든, 2008년에 터진 세계 경제 위기로 1980년대부터 세계를 풍미하던 신자유주의 기세가 일단 꺾이면서 "작은 정부, 큰 시장"의 외침은 좀 잦아들었다. 역사적으로 보면 이제 "큰 정부, 작은 시장"의 시대가 오게 되어 있지만, 세계 경제 여건이 그리 녹록지는 않다.[42] 그러나 한 가지 분명한 것은, 이제 정부와 시장 사이의 적절한 역할 분담이 과연 어떠해야 하는지를 재정립할 시대적 상황에 이르렀다는 점이다.

'뫼비우스의 띠'로 엮인 주체와 객체

우주와 인간

장회익

서울대학교 명예교수

1 현대 문명의 당면 과제

21세기를 고비로 인류의 문명은 커다란 방향 전환의 계기를 맞이하고 있다. 오랫동안 인류는 자연이라는 위력적 존재 앞에 공포와 굴종의 수동적 생존을 지속하면서 그 지배에서 벗어나기 위해 힘들게 투쟁해 왔다. 이러한 과정 속에서 특히 근대 과학의 성취 이후 인류는 과학과 기술의 급속한 발전에 힘입어 자연의 위력적 지배로부터 하나하나 벗어났을 뿐 아니라 오히려 자연을 개조하여 인간이 원하는 새로운 형태의 여건을 조성해 나가게 되었다. 이것이 바로 인류 문명의 주된 흐름이었으며 지금까지 인류의 삶을 주도해 온 행동 양식이었다. 그러나 최근 들어 분명해진 사실은 이러한 인간의 노력이 오히려 자연의 질서를 깨트리면서 장기적으로는 인류의 멸망을 포함한 엄청난 파국을 불러일으키리라는 것이다.

인류의 문명은 지금 커다란 혼란의 소용돌이 속에 빠지고 있다. 한편으로는 여전히 기존 흐름의 관성에 이끌려 자연을 더 개조함으로써 더 나은 생존 여건을 마련해야 한다는 주장이 있으며, 다른 한편에서는 방향을 전환하여 이미 파손된 자연을 복원하고 새로운 삶의 방식을 찾아야 한다는 주장이 제기되고 있다. 그런데 문제는 어느 쪽

'뫼비우스의 띠'로 엮인 주체와 객체

도 스스로를 그리고 모든 이를 설득할 확실한 근거를 제공하지 못하고 있다는 점이다. 기존에 문명을 이끌어 왔던 과학과 기술은 너무도 편협하고 단편적이어서 전체적인 조망을 제시하지 못하고 있으며, 기존의 사상과 철학 또한 당면한 현실을 파악하고 대안을 제시하기에는 그 적실성에서 충분한 신뢰를 얻지 못하고 있다.

이 상황에서 요청되는 것은 우주와 인간에 대해 현재까지 알려진 주요 내용들을 전부 포괄하면서도 이 모두를 하나의 일관된 틀 안에 정리해 냄으로써 현재 우리가 직면한 상황을 객관적으로 그리고 왜곡됨이 없이 보여 줄 새로운 시각이며, 이를 위한 새로운 형태의 학문적 노력이다. 이는 곧 우리 삶의 관심사가 되는 모든 것을 하나의 합리적 이해의 틀 안에서 파악하고 나서 이를 통해 문명의 바른 방향을 찾아 나가자는 것이다. 이것이 가능하기 위해서는 현재까지의 과학 지식과 아직 과학으로 해명되지 않은 것까지 모든 것을 하나의 연결 고리를 통해 이해하려는 노력이 요청되며, 설혹 아직은 학문적으로 완성된 체계를 갖추지 못하더라도 이를 통해 전체를 관망하는 시각을 제시할 수만 있다면 더없이 소중한 일일 것이다.

이는 물론 쉬운 작업은 아니겠지만 그렇다고 가능성이 그리 낮은 것도 아니다. 우리는 지금 자연의 기본 원리들을 동원하여 우주 내의 (거의) 모든 물질 현상을 설명해 내고 있으며, 그 연장선에서 생명이라고 하는 훨씬 더 정교한 현상에 대해서도 많은 것을 이해하게 되었다. 아울러 이 안에서 인간이란 존재가 놓인 위치를 가늠하면서 인간이 지닌 특이한 성격에 주목하고 있다. 즉 인간은 단순히 물질적 존재의 연장선에만 놓이는 것이 아니라 그 자신 의식의 주체가 되어 사물을 파악하는 존재이며 또 스스로의 삶을 주체적으로 영위해 나가는 매우 독특한 성격의 존재이다. 이러한 주체로서의 인간은 스스로 삶의 여건을 개척하고 개조함으로써 이른바 문명을 이루고, 그 문명의 일환으로 자연의 기본 원리들을 찾아내어 자신을 포함한 우주 내의 모든 것을 새롭게 파악해 나간다.

이러한 논의가 지닌 매우 흥미로운 점은, 우리가 자연의 기본 원리들을 동원하여 우주와 생명을 이해하고 다시 그 안에서 인간을 이해하게 되었는데, 이렇게 이해된 인간의 인식 구조를 통해 애초에 동원되었던 자연의 기본 원리들을 다시 '이해'하게 된다는 것이다. 이는 곧 이해의 과정이 하나의 거대한 순환 고리를 통해 출발점으로 되돌아왔음을 의미한다. 그러나 이 과정이 단순한 순환 논리와 다른 점은 이 모든 것에 대한 이해가 단순히 객체적 현상 간의 논리적 연관에 따라서만이 아니라 이해하는 주체 자신의 이해 행위 자체에 대한 이해를 통해 되돌아온다는 점이다. 이를 굳이 하나의 기하학적 형상을 통해 설명하자면 시작점과 끝점이 서로 만나면서도 시작점의 앞면이 끝점의 뒷면과 맞물려 연결되는 '뫼비우스의 띠'에 해당한다고 할 수 있다. 우리가 이 띠의 앞면을 사물의 객체적 양상이라 하고 뒷면을 사물의 주체적 양상이라 한다면, 이러한 이해의 순환 고리는 객체적 양상에 대한 이해에서 출발하여 주체적 양상에 대한 이해로 되돌아와 맞물리게 되는 셈이다.

'뫼비우스의 띠'로 엮인 주체와 객체

2 『태극도설』과 이것이 지닌 의미

흥미롭게도 이러한 학문적 논의가 이미 1000년 전 동아시아의 사상 체계 안에 나타나고 있다. 이것이 바로 성리학의 선구자라 일컬어지는 염계(濂溪) 주돈이(周敦頤)의 태극도(太極圖)와 『태극도설(太極圖說)』이다.[1] 『태극도설』은 대략 250자 내외의 짧은 글 안에 우주의 기본 원리와 이를 통해 나타나는 물질 및 생명의 다양한 모습을 서술하고, 특히 그 안에 정신을 지니고 앎을 이루어 내는 존재인 인간이 출현하여 선과 악을 나누고 만사를 수행하게 됨을 말하고 있다. 그리고 이 인간은 다시 이 모든 것을 처음부터 끝까지 파악함으로써 삶과 죽음의 의미를 알게 된다고 말한다. 이는 곧 인간과 문명을 우주적 바탕 아래 조망한 것으로 오늘 우리에게 요구되는 학문적 노력의 한 원초적 형태라고 말할 수 있다.

그렇기에 현재 우리가 알고 있는 최선의 지식을 동원해 새로운 논의를 이끌어 내기 전에, 이미 1000년 전 동아시아 사상 체계에 나타났던 이러한 원초적 사고의 내용을 잠시 들여다보고 가능하면 그 연장선에서 논의를 진행하는 것이 몇 가지 유익한 측면이 있을 것이다. 먼저 이렇게 함으로써 우리 전통 학문의 맥을 이을 수 있고, 또 인간 사유의 바탕에 깔린, 시간이 지나도 변하지 않는 어떤 틀거지도 살펴볼 수 있다. 무엇보다도 새로운 지적 모험을 수행함에 있어서 선인들의 지적 자취를 더듬어 나감으로써 궤도에서 지나치게 이탈할 위험을 줄일 수 있다.

『태극도설』은 그 자체가 그리 길지 않지만, 이를 다시 간추려 보

면 다음과 같다.[2]

　　무극(無極)이면서 태극(太極)이다. 태극이 나뉘어 음양(陰陽)이 되고
또 변화를 일으켜 오행(五行)이 된다. 이들이 오묘하게 화합해 만물이 생
겨나고 낳고 또 낳아 변화가 무궁하다. 사람의 정신 안에 앎이 생겨나고
성인이 사람의 바른 자리(人極)를 세운다. 군자는 이를 지켜 길하고 소인
은 이를 어겨 흉하다. 시작과 종말을 연결하니 삶과 죽음의 이치를 알게
된다.

실제로 중국과 조선의 대표적 성리학자들은 이러한 태극도와
『태극도설』에 각별한 관심을 보였다. 그 대표적인 사례로 성리학을
집대성한 주희는 항상 옆에 두고 익히기 위해 편찬한 책 『근사록』 첫
머리에 이 글을 실었으며, 퇴계 이황은 만년에 정계를 떠나면서 당시
연소한 선조에게 『성학십도』를 지어 올리면서 두고두고 음미하고 학
습함으로써 장차 성군이 되어 줄 것을 당부한 일이 있는데, 그 열 개
의 도표 가운데 첫째가 바로 태극도이며 『태극도설』이다.[3] 물론 이 안
에 오늘 우리가 알고 있는 과학의 성과가 반영된 것은 아니며 또 이
것만으로 '뫼비우스의 띠'로 상징되는 통합 학문적 논의의 틀을 갖춘
것이라 해석하기에는 어려움이 있지만, 적어도 한눈에 우주 전체의
모습을 조망하고 그 안에서 삶의 의미와 문명의 방향을 찾으려 했던
점만은 오늘 우리가 논하려는 것과 크게 다를 바 없다.

　　『태극도설』 가운데 역사적으로 가장 많은 논란을 불러일으켰던
첫 구절 "무극이면서 태극이다.(無極而太極.)"라는 말은 흥미롭게도

현대 우주론의 빅뱅 사건을 서술하기에 놀랍도록 적합한 표현이다. 『태극도설』의 원저자나 이후 이를 해석해 온 많은 사람들이 실제로 이를 염두에 두었을 가능성은 거의 없지만 우주의 기원과 본질을 나타내는 표현으로 이 구절을 음미하는 것은 여러모로 유익하다. 이 표현에 이어지는 『태극도설』의 주된 내용은 음양의 출현과 그 후 벌어지는 오행의 작용인데, 아쉽게도 여기에 적절한 현대적 대응 개념을 찾기가 쉽지 않다. 그러나 뒤에 이야기할 일차 질서 형성 과정에 적용되는 자연의 기본 법칙들과 이차 질서 형성 과정에서 나타나는 자체 촉매적 국소 질서 등은 다소 무리하나마 음양과 오행 개념에 연결될 소지가 있다. 이렇게 하여 나타난 주요 대상물이 건곤과 만물인데, 건곤은 바로 태양-지구계에 직결되는 개념이며 만물 또한 다양한 형태의 질서 구현물 특히 살아 움직이는 대상들을 지칭하는 개념으로 보아 큰 무리가 없다.

그리고 태극도에는 들어 있지 않으나 『태극도설』 후반부에 들어 있는 중요한 개념이 사람이다. 사람에게서 정신이 출현하여 이 모든 것을 알게 되고 이를 통해 사람이 만사를 관장하는 것으로 되어 있다. 그리고 이를 제대로 해내느냐(君子) 아니냐(小人)에 따라 길흉이 나타나고, 오직 이 모든 것을 처음부터 끝까지 제대로 파악해야(原始反終) 삶과 죽음의 의미를 알게 된다고 말한다. 이 부분은 특히 인간의 성격과 역할을 잘 말해 주는 것으로 현대 문명에서와 같이 '작은 나(小人)'의 안목에 갇혀 잘못될 경우를 경고하고 있다. 그리고 다소 무리한 연관이겠으나 이미 『주역』에도 나오는 개념인 '원시반종'을 처음과 끝이 연결된 뫼비우스의 띠로 보아 이해의 순환 고리를 완성하는 것으로 해석한다면, 이는 이 글에서 제시한 통합적 학문의 정신에 매우 잘 부합하는 일이라고 생각한다.

이러한 해석을 받아들일 경우, 우리는 위에 제시한 『태극도설』 요지의 현대판을 다음과 같이 정리해 볼 수 있다.

혼돈(無極)이면서 대칭(太極)이다. 대칭이 나뉘어 일차 질서(陰陽)가 되고 또 변화를 일으켜 이차 질서(五行)가 된다. 이들이 오묘하게 화합해 만물이 생겨나고 낳고 또 낳아 변화가 무궁하다. 사람의 정신 안에 주체성(앎)이 생겨나고 온생명의 의식(聖人)이 사람의 바른 자리(人極)를 세운다. 바른 자리를 지키면 길하고 어기면 흉하다. 이치의 고리를 연결하니 삶과 죽음의 실상이 보인다.

이제 이것이 뜻하는 바가 무엇인지를 현대 과학에 바탕을 둔 새로운 시각에서 좀 더 자세히 살펴 나가기로 하자.

3 우주의 출현과 팽창 — "무극이면서 태극이다"

현대 우주론에 따르면 우리 우주는 대략 138억 년 전에 이른바 빅뱅이라고 하는 급격한 팽창과 함께 출현했다고 한다. 이 최초의 순간에는 공간 자체를 포함하여 모든 것이 하나의 점에 집결되어 있어서 그 안에는 구분 가능한 어떤 것도 존재하지 않았다. 그러나 그 안에는 앞으로 질서가 되고 현상을 이루게 될 모든 소재의 원형이 분화되지 않은 형태로 잠재되어 있었다. 이것은 온전한 혼돈이면서 또 완전한 대칭이라고 말할 수도 있다. 이를 일러 무극이면서 태극이라고 부른다면 나름대로 적절한 표현이 될 수 있다.

물론 『태극도설』에 나오는 "무극이면서 태극이다."라는 말이 이를 염두에 두고 말했다고는 할 수 없다. 『태극도설』의 이 말은 우주의 시원을 시간적으로 서술했다기보다는 오히려 우주의 근원적 원리에 대한 존재론적 표현이라고 봄이 더 적절하다. 하지만 우주에 시간적 시원이 있었고 그 시원 속에 이미 그 근원적 원리가 잠재해 있었다면, 이 말 자체가 바로 그러한 상황을 서술하고 있다고 보아도 잘못될 것이 없다. 단지 당시 우주의 출발에 대한 어떤 경험적 증거도 없이 순수한 직관적 사변에 의해 이러한 사고에 이르렀다는 점이 놀라울 뿐이다.

아마도 이 구절을 이후의 여러 놀라운 질서들이 어떻게 출현했는가를 설명하는 바탕으로 삼으려 했던 것으로 보이는데, 이와 관련하여 아래에서 좀 더 자세히 살펴보기로 한다.

4 일차 질서와 이차 질서
— "태극이 나뉘어 음양이 되고 또 변화를 일으켜 오행이 된다"

우리는 우주 안에서 여러 가지 형체를 지닌 많은 것들을 접하고 있다. 그러나 이 많은 것들을 크게 두 가지로 구분한다면 하나는 비교적 단순한 질서를 가진 것들이며 다른 하나는 이에 비해 월등히 높은 질서를 가진 것들이다. 앞의 것의 사례로는 모래알, 바윗돌, 눈송이, 얼음덩이 등이 있으며, 뒤의 것의 사례로는 메뚜기, 고라니, 민들레, 소나무 등이 있다. 뒤의 것들을 우리는 흔히 살아 있는 것이라 말하고, 앞의 것들을 살아 있지 않은 것이라 말한다. 그러나 조금 더 살펴보면 이들과 구별되는 또 한 가지 대상들이 있다. 벽돌, 가죽 구두, 자동차, 냉장고 등이 그것이다. 이들은 상당한 질서를 가졌지만 살아 있는 것은 아니며, 그렇다고 모래알이나 바윗돌과 같이 자연계에 우연히 흩어져 있는 것도 아니다. 그러나 조금만 깊이 생각해 보면 이들은 모두 살아 있는 것에 속하는 사람의 손과 머리를 통해 만들어진 것임을 알 수 있다. 그러니까 이 세 번째 유형에 속하는 것들은 사람이라는 존재가 없었으면 나타나지 않았을 존재들이다. 그러므로 우리는 우주 내의 모든 것을 이해하기 위해 우선 앞의 두 종류의 대상, 곧 단순한 질서를 가진 것들과 이에 비해 월등히 높은 질서를 가진 것들이 어떻게 하여 존재하게 되었는지를 알아내야 한다.

『태극도설』에서는 이러한 상황에 대해 "태극이 나뉘어 음양이 되고 또 변화를 일으켜 오행이 된다. 이들이 오묘하게 화합해 만물이 생겨나고 낳고 또 낳아 변화가 무궁하다.(分陰分陽 兩儀立焉 陽變陰合 而生水火木金土.)"라고 말하고 있다. 음양과 오행에 따른 이러한 설명을 현대 과학의 용어로 풀이해 내기는 매우 어렵지만, 이는 곧 앞에서 말한 일차 질서와 이차 질서가 어떻게 가능한지를 보여 주는 현대 과학의 설명에 대응하는 표현이라 말할 수 있다.

현대 과학에서는 자연계의 어떤 대상이 가진 질서의 정도를 이것이 지닌 정교성(精巧性, delicacy)이라는 물리량을 통해 편리하게 나타

　　　　　　　　　　'뫼비우스의 띠'로 엮인 주체와 객체

낼 수 있다.[4] 이것은 어떤 질서를 지닌 대상이 얼마나 정교한 짜임새를 가지느냐 하는 정도라고 할 수 있다. 일반적으로 정교성이 높을수록 자연계 안에서 우연히 생겨나기가 더 어렵다고 할 수 있으며, 따라서 자연계 안에 '덜 있을 법한' 상태라고 말해도 좋다. 실제로 자연계 안에는 이러한 질서의 변화를 말해 주는 원리가 하나 있는데 이것이 바로 '열역학 제2법칙'이다. 이것은 아주 자연스러운 법칙이기도 하다. 자연계는 교란을 받으면 언제나 덜 있을 법한 상태로부터 더 있을 법한 상태로 변하게 된다는 것이다. 이는 곧 질서의 정교성은 감소만 할 수 있을 뿐 증가하지는 못한다는 이야기이다. 그러나 이 법칙이 성립하는 것은 외부의 영향을 받지 않는 고립된 계에 한해서이다. 어떤 계가 다른 계와 에너지를 주고받을 때는 한 계의 정교성이 낮아지는 대신 다른 계의 정교성은 오히려 높아질 수도 있다. 단지 에너지를 주고받는 전체 계의 정교성은 오직 낮아지기만 할 뿐 높아지지는 못한다는 것이다.

그런데 이러한 변화의 원리는 '자유 에너지'라는 개념을 통해 좀 더 편리한 형태로 전환할 수 있다. 이제 일정한 온도 T아래 주변과 에너지 교환이 가능한 한 대상계를 생각하고 그 자유 에너지 F를 아래와 같이 정의하면, 이러한 대상계의 자유 에너지는 에너지의 출입에도 불구하고 항상 낮아지는 쪽으로만 변화한다고 말할 수 있다.[5]

$$F = E + TD$$

(E는 대상계의 에너지, T는 주변의 절대 온도, D는 대상계의 정교성)

이로써 우리는 자연계에 질서가 어떻게 발생하는지를 이해할 기본 이론을 갖추었다. 즉 어떤 대상계의 자유 에너지를 몇몇 변수들의 함수로 표현해 내기만 하면, 상황에 따라 자유 에너지 값이 가장 작아지는 위치를 확인함으로써 그 계의 질서가 어느 정도의 정교성을 가지게 될지 알 수 있다.

우주 안에서는 우주의 시작 곧 빅뱅이라 불리는 최초의 시점 이래로 우주의 온도가 낮아지면서 질서를 지닌 여러 형태의 물질적 대상들이 형성되어 왔다. 이렇게 하여 기본 입자들이 발생하고 이들이 모여 원자핵과 원자들이 생겨나고 다시 이들이 모여 천체를 비롯한 크고 작은 수많은 물체들이 만들어졌다. 그 가운데는 태양과 같은 별도 있고 또 지구와 같은 행성도 있다. 이러한 행성 안에는 또 우리가 주변에서 보듯이 여러 형태의 자연물이 나타나는데 이들은 거의 대부분 온도의 변화에 따른 자유 에너지 최소화 효과에 의해 나타난 것들이다.

이렇게 자유 에너지 최소점에서 나타난 질서들은, 더 이상 자유 에너지 함수에 영향을 줄 변화가 나타나지 않는 한, 비교적 안정하여 지속적인 형태를 유지한다. 그러나 때때로 주변의 요동으로 인해 우연히 자유 에너지 최소점에서 벗어나 상대적으로 높은 위치에 있는 자유 에너지 우물 상태로 뛰어오를 수도 있다. 이렇게 될 경우 다소 높은 질서를 가진 준안정 상태에 놓이게 되며, 또 다른 요동으로 인해 얼마 지나지 않아 다시 안정된 최소점으로 복귀한다. 이때 주변으로부터 에너지 혹은 물질을 지속적으로 공급받게 되면 준안정 상태를 좀 더 긴 시간 유지할 수 있는데, 이런 경우를 '국소 질서'라 부른다.

'뫼비우스의 띠'로 엮인 주체와 객체

다시 요약해 보면, 자연계에 나타나는 질서들은 자유 에너지 최소점에 놓여 주변과 평형을 이루는 비교적 안정된 질서와, 에너지 혹은 물질의 흐름을 받으며 비교적 높은 자유 에너지 우물에서 준안정 상태를 유지하는 국소 질서라는 두 가지 형태가 있다. 이러한 것들은 물질과 에너지 그리고 온도의 변화가 있는 곳 어디에서나 쉽게 나타나는 질서들로서 이를 일차 질서라 부르기로 한다. 우리 주변에 보이는 모래알, 바윗돌, 그리고 0도 이하 온도에 놓인 눈송이, 얼음덩이 등이 비교적 안정된 형태의 질서라면, 이따금 발생하는 태풍이나 흐르는 물에서 발생하는 소용돌이 등은 준안정 상태에 놓인 국소 질서라 할 수 있다.

그러나 같은 준안정 국소 질서라도 이들과는 질적으로 달라 보일 만큼 높은 질서를 가진 대상들이 있다. 메뚜기, 고라니, 민들레, 소나무 등이 그것이다. 이들 또한 특별한 형태의 에너지와 물질의 공급을 받으며 비교적 오랜 기간 준안정 상태를 유지하는 물질적 대상들이지만 놀랄 만큼 높은 수준의 질서를 지닌다는 점에서 '살아 있는 존재'라고 하는, 전혀 다른 범주의 대상으로 분류되고 있다. 그렇다면 도대체 무엇이 이들로 하여금 이렇게 달라 보이게 하는가? 이 점을 이해하는 것이 곧 생명을 이해하는 지름길이다. 여기서 우리는 이들이 가지는 새로운 형태의 질서를 앞서 이야기한 일차 질서와 구분하여 이차 질서라 부르기로 한다.

5 자체 촉매적 국소 질서와 이차 질서의 형성
── "이들이 오묘하게 화합해 만물이 생겨나고"

『태극도설』에서는 이러한 질서가 나타나기 위해 "이들(음양과 오행)이 오묘하게 화합해 만물이 생겨났다.(二五之精妙合而凝 …… 化生萬物.)"라고 하는데, 여기서 '오묘하게 화합한다'는 것은 무엇을 말함인가? 『태극도설』에서 말하는 만물은 당연히 생물을 포함한 모든 것을 일컫는 것이다. 『태극도설』은 특히 생물 곧 이차 질서가 가능하기 위해 어떤 오묘한 화합이 있어야 함을 말하고 있는데, 이 오묘한 기능을 담당하고 있는 것이 바로 지금 우리가 말하게 될 '자체 촉매적 국소 질서'이다.

'자체 촉매적 국소 질서'라고 하는 것은 자신이 '촉매' 역할을 하여 자신과 닮은 새 국소 질서가 생겨나는 데에 큰 도움을 주는 국소 질서를 의미한다.[6] 일단 이런 성격을 지닌 국소 질서가 우연히 하나 만들어지고 나면 (그리고 그것이 기대 수명 안에 국소 질서를 적어도 하나 이상 생성하는 데에 기여한다고 하면) 이러한 국소 질서의 수는 기하급수적으로 증가하게 된다. 그러다가 이러한 것들을 생성할 소재가 모두 소진되든가 혹은 이들이 놓일 공간이 더 이상 남아 있지 않을 때 비로소 증가가 그치게 되고, 그때부터는 대략 소멸되는 만큼만 국소 질서가 생겨나게 되어 이후 그 수는 거의 일정하게 유지된다.

그 상황을 좀 더 구체적으로 그려 보기 위해, 자체 촉매적 국소 질서 중 한 종이 지구와 같은 규모의 행성 위에 나타났다고 생각해 보자. 이 국소 질서의 크기가 우리가 흔히 보는 미생물 정도라 가정하

'뫼비우스의 띠'로 엮인 주체와 객체

고 이것의 평균 수명이 대략 3.65일(100분의 1년)이라 생각하자. 그리고 이 수명 안에 평균 2회에 걸쳐 복제가 이루어지고, 주변의 여건으로 인해 개체 수가 대략 10만 개에 이르면 더 이상 증가하지 못하고 포화 상태에 이른다고 가정해 보자. 이럴 경우 포화에 이르기까지 대략 17세대($2^{17}=131,072$)를 거치게 되고, 시간은 대략 2개월 정도가 소요된다. 이는 곧 대략 2개월 정도가 지나면 이러한 국소 질서가 10만 개 정도로 불어나고 그 후에는 이 정도 수가 지속적으로 유지된다는 의미이다. 물론 최초의 자체 촉매적 국소 질서가 하나 생겨나는 일은 쉽지 않다. 물질과 에너지의 흐름 등 여러 여건에 따라 다르지만 예컨대 100만 년 정도의 시행착오 끝에 우연히 이러한 국소 질서 하나가 형성되리라고 가상해 볼 수 있다. 그러나 일단 이러한 국소 질서가 하나 생성되고 나면, 위에서 본 바와 같이 2개월 이내에 이러한 것 10만 개 정도가 생겨날 것이고, 이후 생성과 소멸을 반복하면서 거의 무제한의 기간 동안 지속하게 된다.[7]

그런데 자체 촉매적 국소 질서가 가진 위력은 이러한 한 종류의 국소 질서를 다량으로 생성해 낸다는 데에 그치지 않는다. 일단 자체 촉매적 국소 질서가 발생하여 예컨대 10만 개 정도의 개체군이 형성되면 이는 새로운 변이가 일어날 수 있는 아주 좋은 토대가 된다. 즉 이들 가운데 하나에서 우연한 변이가 일어나 이보다 한층 높은 질서를 가진 새로운 형태의 자체 촉매적 국소 질서가 출현할 수 있는데, 이렇게 되면 변이된 새로운 종의 자체 촉매적 국소 질서가 나타나 본래의 종과 공존하면서 일종의 변화된 '생태계'를 형성하게 된다. 뿐만 아니라 서로 다른 종에 속한 자체 촉매적 국소 질서들끼리 결합함으로써 한층 높은 질서를 지닌 복합적 형태의 자체 촉매적 국소 질서도 나타날 수 있는데, 이것 또한 변이의 일종으로 새로운 종을 이루어 나가는 좋은 방식이 된다. 시간이 지남에 따라 그리고 생태계가 복잡해짐에 따라 이런 유형의 변이가 자주, 나아가 끊임없이 나타날 수 있으며, 그리하여 점점 더 높은 질서를 지닌 다양한 종이 출현하게 된다.

이제 이러한 메커니즘의 효율성을 음미하기 위해 하나의 변이가 발생하는 데에 소요되는 시간이 얼마나 되는지를 추산해 보자. 한 국소 질서 O_1이 순전히 우연에 의해 일어나는 데 걸리는 시간을 T_1이라 하고, 이러한 O_1 하나가 지속적으로 존재한다고 가정할 때 이것이 변이를 일으켜 새로운 종의 국소 질서 O_2가 우연에 의해 나타날 때까지 걸리는 시간을 T_2라 하자. 이렇게 할 때, O_1이 처음 나타난 후 다시 O_2가 출현할 때까지 실제로 요구되는 시간 T는 T_2/n으로 표현된다. 여기에서 n은 기간 T_1 이후 임의의 시점에 존재할 것으로 기대되는 국소 질서 O_1의 숫자이다.(만일 기간 T_1 이후 모든 시점에서 O_1이 한 개 존재할 것으로 기대된다면 $n=1$이다.)

이제 애초의 국소 질서 O_1이 자체 촉매적인 것이 아닐 경우와 자체 촉매적인 것일 경우, O_2가 나타나기까지 실제 걸리는 시간 T가 어떻게 다른가를 살펴보자. 여기서 국소 질서 O_1의 기대 수명을 τ라 한다면, 이것이 자체 촉매적인 것이 아닐 경우에는, n은 τ/T_1이 된다.(즉 O_1이 매 T_1마다 한 번 나타나지만, 이렇게 나타난 때부터 오직 기간 τ만큼 머물러 있게 된다.) 이때 국소 질서 O_1의 기대 수명 τ는 이것이 우연에 의해 생성되는 데 요하는 시간 T_1에 비해 월등히 짧을 것으로 기대된다. 이런 국소 질서가 우연히 생겨나기는 매우 힘들지만(T_1이 매우 큼),

'뫼비우스의 띠'로 엮인 주체와 객체

소멸되기는 훨씬 쉽기(τ가 작음) 때문이다. 반면 O_1이 자체 촉매적 국소 질서라면, 기하급수적 증가가 이루어지는 짧은 기간 이후 n의 값은 자체 촉매적 국소 질서의 평균 개체 수 N과 같게 된다.

이제 숫자상의 차이를 가늠해 보기 위해, T_1과 T_2가 둘 다 100만 년(10^6년)이고, O_1의 수명 τ가 3.65일(10^{-2}년)이며, O_1의 개체 수는 10만($N = 10^5$)에서 포화가 된다고 가정하자. 또한 O_1을 자신의 수명이 다하기 전에 평균 두 개씩 복제된다고 하면, 앞에서 보았듯이 포화 개체 수에 이르기까지 대략 17세대 곧 2개월 정도가 소요된다. 그러면 O_2가 나타나기 위해 필요한 전체 추정 시간 T는 O_1이 자체 촉매적인 것이 아닐 경우, 100조 년(10^{14}년)이 되는 반면, O_1이 자체 촉매적인 것일 경우에는 불과 10년 2개월밖에 안 된다. 100조 년이라는 시간은 우주가 출현한 이후 지금까지 지나온 전체 시간인 138억 년의 7000배에 해당하는 시간이다. 그러니까 O_1이 자체 촉매적 국소 질서가 아닐 경우 이러한 질서가 순수한 우연에 의해 나타나는 것은 우리 우주가 7000번이나 되풀이되어야 한 번 나타날까 말까 할 정도인데, 자체 촉매적 국소 질서를 경유할 경우에는 불과 10년 만에 나타난다는 이야기이다.

이제 자체 촉매적 국소 질서가 출현하여 하나의 개체군을 이루고, 이것이 변이를 일으켜 다시 한 차원 높은 질서를 가진 새로운 개체군을 이루는 과정이 거듭 반복된다고 생각해 보자. 위의 사례가 보여 주듯이 자체 촉매적 국소 질서가 아니었으면 100조 년에 한 번 나타날까 말까 한 기적 같은 질서가 매 10년마다 나타나 축적되어 나간다면, 예를 들어 40억 년 후에는 어떤 일이 벌어질 것인가? 이렇게 만들어진 것이 바로 우리가 보고 있는 이차 질서의 모습이다. 이것이 자체 촉매적 기능 없이 오로지 단순한 우연에만 의존해 발생하는 일차 질서의 모습과는 비교도 안 될 만큼 놀라운 수준의 질서가 될 것임은 쉽게 짐작할 수 있다.

지금까지는 이러한 질서의 형성 가능성을 생각했지만, 이것의 유지 가능성에 대해서도 생각해 볼 필요가 있다. 국소 질서가 가진 질서의 정도가 높으면 높을수록 이것을 유지할 여건 또한 그만큼 어려워진다. 같은 구조를 가진 자체 촉매적 국소 질서라도 이것이 놓인 바탕 질서가 어느 정도 이상 달라지면 자체 촉매적 기능을 수행할 수가 없다. 이는 단지 자체 촉매적 기능에만 해당하는 것이 아니다. 질서의 존속 가능성 또한 이것이 놓인 바탕 여건에 결정적으로 의존하게 된다. 이 국소 질서 자체가 바로 그러한 여건 위에 출현했기 때문이다. 그러니까 이것이 존속되기 위해서도 주변과의 연계를 정교하게 이루어 낼 내적 구조를 마련해 이를 지속적으로 작동시킬 수 있어야 한다. 이것은 곧 이 국소 질서와 주변이 합쳐져 하나의 정교한 복합 질서를 이루어야 한다는 이야기이다.[8]

여기서 우리가 생각해 보아야 할 점은 자체 촉매적 국소 질서들로 하여금 이러한 기능을 수행할 수 있게 해 주는 더 큰 복합 질서는 어떤 모습을 가지느냐 하는 것이다. 이 전체를 하나의 독자적 체계로 볼 때, 이것의 자유 에너지는 열역학 제2법칙에 따라 점차 낮아질 수밖에 없다. 그러나 우리가 보았다시피 이 안에 형성된 질서는 자체 촉매적 국소 질서들의 변이 과정을 거쳐 시간이 지남에 따라 오히려 점점 높아지게 된다. 이러한 상황은 어떻게 가능한가?

'뫼비우스의 띠'로 엮인 주체와 객체

이제 한 체계 안에 항성과 같이 뜨거운 부분이 있고 행성과 같이 상대적으로 차가운 부분이 있어서 뜨거운 부분에서 일정한 에너지가 차가운 부분으로 전달된다고 해 보자. 이 경우, 열역학 제2법칙에 따르면, 차가운 부분에서는 일정한 한도 내에서 자유 에너지가 증가하는 것이 가능하다.[9] 이때 항성-행성 체계 전체의 자유 에너지는 줄어들지만, 행성 쪽에 만일 정교한 구조가 마련되어 자유 에너지를 추출해 낼 수 있다면 이 부분의 질서는 증가할 수 있다. 그러니까 이러한 복합 질서는 그 안에 자체 촉매적 국소 질서들을 포함해야 할 뿐 아니라 항성과 행성 사이의 온도 차이를 활용해 자유 에너지를 추출해 낼 능력 또한 갖추어야 한다.

6 낱생명과 온생명
— "낳고 또 낳아 변화가 무궁하다"

이렇게 만들어진 이차 질서의 모습에 대해 『태극도설』에서는 "낳고 또 낳아 변화가 무궁하다.(生生而變化無窮焉.)"라는 말로 표현하고 있다. 이러한 이차 질서는 오늘 우리의 관념 속에서 흔히 생명이라 부르는 어떤 것과 밀접히 관련되어 있음을 쉽게 알 수 있다. 그런데 『태극도설』에는 '생명'에 해당하는 표현이 명시적으로 등장하지 않는다. 실제로 이러한 이차 질서에 대해 생명이라고 하는 하나의 명사보다는 "낳고 또 낳아 변화가 무궁하다."라고 하는 서술적 형태로 표현하는 것이 훨씬 더 적합하다고 말할 수도 있다.

사실 생명이라는 용어가 현대에 이르러 널리 통용되고 있기는 하나 아직까지도 '생명'을, 적어도 많은 사람들의 합의에 이를 정도로, 엄격히 정의해 내는 데에는 어려움이 있다.[10] 실제로 사람들은 이미 생명에 대한 어떤 관념을 마음속에 가지고 있으면서 정의를 통해 이를 명료하게 하려고 시도하는데, 만일 마음속에 있는 관념 자체가 사실은 실체가 없는 허상이라면 이런 노력은 실패할 수밖에 없다.

그렇기에 우리는 여기서 그 반대 방향으로 접근하였다. 즉 우리는 생명이 무엇인지를 미리 안다고 전제하지 않고, 대신 자연 속에 구현될 수 있는 질서들이 어떤 것들이 있는지 살펴보았더니, 그 가운데 이차 질서라고 하는 놀라운 성격을 가진 질서가 존재할 수 있음을 알게 되었다. 그러니까 남아 있는 문제는 오직 이것에 적절한 이름을 붙이는 작업뿐이다. 따라서 이것을 무엇이라 부르든 그것은 우리 마음이지만, 이렇게 찾아낸 내용이 지금까지 사람들이 '생명'이라 불러 온 것과 깊은 관련을 가진 것이기에 우리 또한 이것을 그냥 생명이라 불러야 할지 또는 다른 이름으로 불러야 할지는 좀 더 깊이 생각해 볼 필요가 있다.

앞에서 이야기한 자체 촉매적 국소 질서 그리고 이것을 통해 만들어 낸 이차 질서의 존재론적 성격을 가만히 살펴보면, 이 안에 존재론적 지위가 서로 다른 세 가지 종류의 존재자(entity)가 있음을 알 수 있다.

첫 번째는 하나하나의 개체로 본 자체 촉매적 국소 질서이다. 이는 분명히 우리가 그간 특별한 의식 없이 '생명'이라고 불러 온 것과 가장 가깝게 대응한다. 그러나 '생명'이라는 이름을 여기에만 국한해

'뫼비우스의 띠'로 엮인 주체와 객체

부르는 것은 그다지 적절하지 않다. 한 가지 이유는 이것이 실제로 사람들이 흔히 '생명'이라는 이름에 부여하고 싶어 했던 바로 그 의미를 담아내지 못한다는 점이다. 예컨대 초기의 자체 촉매적 국소 질서들은 통상 생명이라는 개념에 연관해 상정되는 질적 성격을 거의 보여 주지 않는다. 여기에 더해, 자체 촉매적 국소 질서의 개체들은 복합 질서의 한 성분이므로 나머지 복합 질서에 대한 존재론적 의존성을 매우 강하게 가진다. 따라서 우리는 이것에 생명이라는 칭호를 배타적으로 부여하지 않고, 다소 제한된 의미의 생명 곧 '개체생명' 혹은 '낱생명'이라 부르기로 한다. 이는 이와 대비되는 광역적 성격의 생명 개념을 염두에 둔 것이다.

여기에서 살펴볼 두 번째 존재자는 바탕에 놓인 일차 질서를 제외한 자체 촉매적 국소 질서들만의 네트워크이다. 바로 이 네트워크 자체를 생명이라 정의하는 학자들도 있다.[11] 이것을 생명에 대한 가능한 정의로 보는 것은 서로 분리될 수 없는 자체 촉매적 국소 질서들 사이의 관계를 잘 반영하면서도 '물리학적인' 일차 질서와 '생물학적인' 이차 질서가 개념적으로 분리된다는 이점이 있다. 그러나 이 관점은 여전히 이 네트워크 자체가 이를 가능케 하는 바탕 질서와 실체적으로 분리될 수 없다는 결정적 사실을 간과하고 있다. 엄격하게 말해 일차 질서는 심지어 동물의 몸속을 포함해 어디에나 스며들어 있는 것이어서 이를 개념적으로 제외할 경우 그 정의가 현실적으로 존재하는 실체에 대응하는 것이라고 말하기 어렵다. 더욱 중요한 사실은 한 '질서'로서의 이차 질서는 바탕 질서마저 함께 포함한다는 의미의 복합 질서이지 이 네트워크만의 복합 질서일 수는 없다는 점이다.

　존재론적 의미가 분명한 세 번째 존재자는 분리 불가능한 복합 질서로서의 이차 질서 전체를 하나의 실체로 묶어 낸 경우이다. 이것은 일차 질서 안에 출현한 최초의 자체 촉매적 국소 질서 이후 긴 진화의 역사를 거쳐 형성되는 것으로, 현재는 그간 변형된 일차 질서와 현존하는 다양한 자체 촉매적 국소 질서 전체로 이루어진 복합 질서를 말한다. 따라서 이것은 자체의 유지를 위해 더 이상 외부로부터 어떤 지원도 필요로 하지 않는 자체 충족적이고 자체 유지적 실체이기도 하다. 이런 점에서 이것은 생명이라는 관념이 내포할 수 있는 모든 속성을 갖춘 가장 포괄적인 존재자라 할 수 있다. 오히려 이 개념은 너무도 포괄적이라는 것이 약점으로 작용할 수 있다. 즉 이 안에 생명에 관한 모든 것이 담겨 있어서 그만큼 내적 변별성이 줄어든다. 그리고 이것은 생명에 관한 우리의 기존 관념과도 크게 동떨어진 것이어서 생명의 정의로 이를 받아들이기에는 정서적 저항감이 너무 클 수도 있다.

　그러나 여기서 강조되어야 할 점은 이것 안에는 생명이 생명이기 위해 갖추어야 할 모든 것이 더도 덜도 아니도록 담겨 있다는 사실이다. 우선 이것보다 더 적게 갖춘 것은 우주 안에서 독자적인 생명이 될 수가 없다. 흔히 이것보다 더 적게 갖춘 것이 생명인 것처럼 보이는 이유는 그 나머지 부분이 주변 어디에 있음을 무의식적으로 당연히 여기기 때문이다. 필요한 것이 이미 모두 갖추어진 우리 지구 상에서는 이런 암묵적 가정이 너무도 자연스러워 보이지만, 우주의 다른 곳에서라면 사정은 완전히 달라진다. 마찬가지로 이 개념 안에 포함

　　　　　　　　　　　　　'뫼비우스의 띠'로 엮인 주체와 객체

되지 않은 것까지 끌어들여 (예컨대 우주 전체로까지) 생명 개념을 넓히려고 하는 것 또한 부적절하다. 우리가 생명 개념을 바르게 규정한다는 것은 이 안에 생명의 출현을 위해 불가피하게 요청되는 모든 것을 포함함과 동시에 그렇지 않은 어떤 것도 포함시키지 않는 일이다. 우리가 여기서 제시하는 생명 개념이 언뜻 지나치게 포괄적인 것으로 보이기는 하지만, 실제로 이것은 생명을 나타내기 위해 더 이상 줄일 수 없는 최소치에 해당하는 개념이기도 하다.

한편 이러한 논의가 형이상학적 논의에 그치지 않고 하나의 과학적 논의가 되기 위해서는 이것이 현대 과학을 포함한 우리 최선의 지식과 부합하는 것이어야 한다. 예를 들어 이러한 생명의 경계가 어디까지 미치는가 하는 점은 생명을 구성하는 인과 관계에 대한 우리의 과학적 이해가 진전됨에 따라 얼마든지 수정될 수 있다. 현재 우리가 가진 최선의 지식을 통해 보자면, 생명이라 칭할 수 있는 이러한 존재자는 우주 안에서 비교적 드문 현상일 것으로 추측되며, 공간적 차원에서는 우리에게 알려진 우주의 규모에 비해 매우 좁은 영역을 점유하고 있다. 이제까지는 이러한 생명이 오직 하나만 알려져 있는데, 바로 태양계에 자리 잡고 있는 우리 생명이다. 태양-지구계 위에 형성된 이 생명은 약 40억 년 전에 태어나 지금까지 지속적인 생존을 유지해 왔다. 이것은 우리 자신과 지구 상의 최초의 자체 촉매적 국소 질서에 이르기까지 우리와 계통적으로 연계된 모든 조상을 비롯해 지금 살아 있거나 지구 상에 살았던 적이 있는 모든 것을 포함한다. 그리고 무기물이든 유기물이든 이 복합 질서를 가능하게 한 모든 필수적인 요소들을 기능적 전체로 포괄하고 있으며, 이 복합 질서에 속하는 것들과 현실적인 연계가 없는 모든 것을 배제한다.

이러한 논의를 종합해 볼 때, 어떤 존재자에 대해 '생명'이라는 이름을 굳이 붙여야 한다면, 앞에서 논의한 세 가지 존재자 가운데 세 번째가 가장 적합하다. 그러나 이에 대해 '생명'이라는 호칭을 명시적으로 부여하기에는 주저되는 측면이 있다. 사실 필자는 오래전부터 이 존재자에 주목해 왔지만 이를 '생명'이라 부르기보다는 '온생명(global life)'이라 불러 왔다.[12] 그렇게 해 온 주된 이유는 이를 '낱생명'(혹은 '개체생명')의 개념과 구별하기 위해서이다. '낱생명'은 그 자체로는 생명 개념으로 부적절하지만 지금도 생명의 많은 흥미로운 면모들이 이 개념과 연관되어 유익하게 논의될 수 있기 때문이다.

사실 우리의 일상적 생명 관념은 생사(生死) 관념 곧 '살아 있다'는 생각과 '죽는다'는 생각에 밀접히 연관되어 있다. 그렇기에 우리는 어떤 개념이 생명이라는 관념을 나타내는 데 적합한지 아닌지를 결정하기 위해 다음의 두 가지 가능한 요건을 생각해 볼 필요가 있다. 첫째는 '살아 있음'의 요건이다. 이것은 대상이 '그 자체로 살아 있는가, 아닌가' 하는 점과 관련된다. 백합은 들판에 있을 때에는 살아 있지만 그 자체로는 살아 있을 수 없다. 백합을 뽑아서 공중에 던져 버리면 '살아 있음'의 성격은 곧 사라진다. 따라서 백합은 그 자체만으로는 온전한 생명이 아니다. 백합은 생명의 부분일 뿐이다. 동물 종의 경우도 마찬가지이다. 동물 종은 그 자체로 살아 있을 수 없다. 동물은 먹이와 공기를 필요로 하기 때문이다. 이런 점에서 자체 촉매적 국소 질서의 네트워크로 정의되는 생명 개념 역시 부적절하다. 지지하는 바탕 질서가 없이는 살아 있을 수 없기 때문이다. 이런 점에서 오

'뫼비우스의 띠'로 엮인 주체와 객체

직 온생명만이 합당하다. 이것이 바로 온생명만이 진정한 의미의 생명이라 할 수 있는 이유이다.

이번에는 '죽음'이라는 요건을 생각해 보자. 어떤 존재자가 죽을 수 있다고 한다면, 이는 이미 생명을 가지고 있다가 빼앗길 수 있다는 말을 함축한다. 그런 점에서 백합은 생명을 가지고 있다. 죽을 수 있기 때문이다. 그리고 동물 종도 생명을 가지고 있다. 이것 또한 멸종될 수 있기 때문이다. 죽을 수 있는 많은 대상은 사실 더 큰 살아 있는 계의 부분계이다. 이 부분계들은 그것을 둘러싸고 있는 더 큰 생명에 무관하게 죽을 수는 있지만, 더 큰 생명이 없이 살아 있을 수는 없다는 특징을 지닌다. 이런 경우 이들에게 '조건부 생명'의 지위를 부여하는 것이 적절하다. 이런 점에서 앞에 말한 자체 촉매적 국소 질서들 곧 다양한 계층의 '낱생명'들은 모두 '조건부 생명'으로서의 존재론적 지위를 가진다.

생명에 대한 개념을 이렇게 정리할 때, 그간 우리가 '생명'이라 여겨 왔던 낱생명은 온생명의 나머지 부분과 적절한 관계를 맺음으로써만 생명의 기능을 하게 됨을 알 수 있다. 따라서 우리는 '지정된 한 낱생명에 대해, 이와 함께 함으로써 생명을 이루는 이 나머지 부분'을 개념화하여 이 낱생명의 '보생명'이라 부르는 것이 적절하다. 이렇게 할 경우 모든 낱생명은 그것의 보생명과 더불어 진정한 생명 곧 온생명을 이룬다고 말할 수 있다.[13]

7 객체적 양상과 주체적 양상
─"사람의 정신 안에 앎이 생겨나고"

우리는 지금까지 자연의 기본 원리를 동원하여 우주 내의 현상들을 이해하는 가운데 일차 질서와 이차 질서의 존재 가능성을 살폈으며, 특히 하나의 복합 질서를 이루는 이 이차 질서는 우리가 그간 생명이라 불러 온 현상들에 해당하는 것임을 알게 되었다. 즉 복합 질서 자체는 하나의 온생명이며, 그 안에 부분 질서로 참여하고 있는 하나하나의 자체 촉매적 국소 질서가 우리에게 매우 친숙한 생명체 곧 낱생명이다. 이 모든 것을 구성하는 소재는 물질이며 이러한 것을 이루어 내는 기본 원리는 이들에 적용되는 물리학 법칙이다.

그런데 여기에 진정 놀라운 일이 발생한다. 이러한 복합 질서의 참여자인 낱생명 안에서 '의식'이라고 불리는 새로운 양상이 나타난다는 사실이다. 이것이 놀랍다고 하는 것은 이것이 기존의 현상들과 같은 반열에 놓인 또 하나의 현상이 아니라 기존의 현상 그 자체가 가진 '숨겨진' 속성이라는 점이다. 즉 지금까지 우리가 파악한 모든 현상의 모습을 이것이 지닌 표면적 속성이라고 한다면, 이것은 현상 자체가 스스로 파악하게 되는 이면적 혹은 내면적 속성이라 할 수 있다. 그러니까 이 둘은 실체적으로 구분되는 두 가지 실체가 아니라 하나의 실체가 나타내는 두 가지 양상, 곧 '객체적 양상'과 '주체적 양상'에 해당하는 것이다. 마치 실체로서의 뫼비우스의 띠는 하나이지만 표면이 있고 이면이 있는 것과 같이, 현상은 하나임에도 이것의 표면적 양상이 있고 또 이면적 양상이 있는 것이다.

'뫼비우스의 띠'로 엮인 주체와 객체

그렇기에 우리가 주체적 양상 아래 주체적 삶을 영위하더라도 이로 인해 객체적 세계가 조금도 달라지는 것은 아니다. 우리의 모든 행동과 그 결과는 객체적 세계를 통해 나타나며 객체적 세계를 지배하는 자연의 법칙에 따라 발생하게 된다. 내가 어떤 생각을 떠올리고 이를 누구에게 전달하려 해도 내 두뇌 속에 있는 신경 세포 조직이 이를 수행해 내고 이를 다시 내 목덜미와 혀의 운동으로 바꾸어 주변의 공기를 진동시킴으로써 상대방이 감지할 수 있는 음파를 만들어 내야 한다. 이러한 제약 아래 있기는 하나, 우주 내의 한 사물에 해당하는 우리가 '삶의 주체가 되어 우리의 의지에 따라 삶을 영위해 나가게 된다는 것'은 진정 놀라운 일이 아닐 수 없다. 설혹 이러한 의지 자체가 이미 우리 몸을 구성하고 있는 물질적 질서 안에서 형성되는 것이라 해도 일단 이것을 '나'라고 느끼며 나로서 살아가는 한, 나 아닌 다른 무엇일 수도 없다. 이것은 사물을 물리학적으로 이해해 나가는 입장에서는 오직 기적이라고밖에 말할 수 없는 일이다.

역설적으로, 자연의 모든 현상을 객체적으로 설명해 나가는 학문으로서의 물리학은 그 자신 인식 주체의 주체적 양상에 바탕을 두고 있다. 자신은 주체적 양상에 바탕을 두고 작동하지만 자신의 서술 내용은 결코 현상의 주체적 양상을 담아내지 못한다. 물리학이 펼쳐 내는 세계는 오로지 자연의 객체적 양상일 뿐이며 이것의 이면에 주체적 양상이 존재한다는 사실에 대해서 물리학은 아무런 이야기도 할 수가 없다. 그렇기에 자연에 주체적 양상이 존재한다는 것을 인정하고 이러한 인정을 바탕으로 수행하는 학문이 있다면 이는 이미 물리학을 넘어 메타 학문의 영역에 들어서는 것이 된다. 물리학 자체는 인식 주체의 주체적 활동에 해당하는 것이므로 우리가 자연의 모든 것을 이해하는 것은 물리학을 통해서이지만 막상 물리학을 이해하려면 이는 이미 물리학을 통해서가 아니라 주체적 양상을 인정하고 있는 메타 학문을 통해서라야 한다. 바로 이 점에서 모든 것의 이해를 시도하는 메타 학문의 논리는 표면과 이면을 접합시키는 '뫼비우스의 띠' 구조를 가진다.

그렇다면 사물의 이면에 주체적 양상이 존재한다는 사실은 무엇으로 입증하는가? 실제로 주체적 양상이 존재한다는 것은 그 주체의 당사자가 되어 이를 직접 느끼는 방법 이외에 알 길이 없다. 예를 들어 외계의 어떤 지적 존재가 지구를 방문하여 사람들의 행동을 관찰하고 심지어 이들과 대화를 나누더라도 그가 이 지구 사람들이 실제 주체적 양상 아래 놓여 있는지 입증할 방법은 없다. 우리가 어렵지 않게 주체를 말할 수 있는 것은 우리 모두가 이를 직접 경험하고 있는 존재이기 때문이다. 우리는 많은 경우에 다른 참여자들이 나의 주체적 양상과 구별되는 그들의 주체적 양상 속에 있다는 점을 받아들인다. 그리고 한 걸음 더 나아가 집합적 주체를 형성하기도 한다. 이는 곧 상호 주체적 연결을 통해, 다른 참여자가 '너'일 뿐 아니라 '우리' 안에 포함되기도 한다는 것을 의미한다. 이렇게 함으로써 '작은 나'에서 '좀 더 큰 나'로 내 주체성을 확대해 나간다.

『태극도설』에서는 이를 일러 "사람의 정신 안에 앎이 생겨난다.(惟人也 …… 神發知矣.)"라고 말한다. 일반적으로 복합 질서 안에 있는 한 참여자가 수행해야 될 가장 중요한 과제는 주변에 있는 여타 참여자 혹은 대상물과 적절한 관계를 맺어 나가는 일이다. 이것을 객

'뫼비우스의 띠'로 엮인 주체와 객체

체적 관점에서 본다면 외부에서 유입되는 물리적 신호들을 받아 이미 중추 신경계에 각인된 일정한 물리적 조직을 거치면서 그 물리적 결과의 일부가 행동을 유발하는 부위로 전달되어 일정한 반응을 일으키는 현상일 뿐이다. 그러나 이것을 주체적 관점에서 보면 일정한 정보를 얻고 이미 지닌 기존 지식을 바탕으로 상황을 판단해 스스로 적절하다고 판단되는 대응 조처를 취하는 것이 된다. 사실 이 두 양상은 많은 부분 겹치면서 오직 몇몇 중요한 부분만이 의식의 표면에 떠올라 주체적 양상을 보이게 된다.

8 인간과 문명
— "성인이 사람의 바른 자리를 세운다"

인간은 집합적 의미에서든 개별적 의미에서든 온생명의 일부이다. 다른 모든 동물이나 식물처럼 인간도 온생명의 참여자로 행동하며, 복합 질서를 유지하기 위해 다른 참여자들과 긴밀한 관련을 맺고 있다. 다른 참여자들처럼 인간 또한 외적으로는 객체적 양상을 보이면서도 내면적으로 주체성을 지니고 있다. 인간 이외의 다른 참여자들도 나름의 주체성을 지닐 수 있다는 점에서 인간이 주체성을 가진다는 사실 자체는 그리 특별한 것이 아니라고 할 수도 있다. 차이가 있다면 정도의 문제이지 본질의 문제는 아니라고 여겨지기 때문이다.

그런데 적어도 인간에게는 인간의 주체성이 가지는 의미가 각별하다. 이것은 바로 '내'가 인간이라고 하는 사실과 밀접히 관련된다.

주체성의 의미 자체가 '나'를 떠나서 생각할 수 없는 것이기 때문이다. 내가 아무리 남의 주체성을 존중하고 이해하려 해도 이는 불가피하게 내 주체 안에서 일어나는 일이며 내가 남의 주체 속으로 들어갈수는 없는 일이다. 단지 나는 남을 내 주체 안으로 끌어들여 내 주체를 확장할 수는 있다. 이것이 바로 앞에서 말한 '우리'에 해당하는 것이고 이러한 확장은 얼마든지 해 나갈 수 있다. 그러나 이것 또한 여전히 내 주체이지 '나'가 제외된 주체일 수는 없다. 그러니까 내가 '지금 작동하는 어떤 주체의 모드'에 속해 있다는 것은 숙명적이며, 여기서 빠져나올 방법은 결코 없다.

이러한 점에서 인간 각자의 주체는 모두 다르지만, 우리는 상호 주체적 연결을 통해 각자가 서로를 자기의 주체 안으로 끌어들여 하나의 집합적 주체를 형성한다. 이것이 바로 인간이 주체의 영역 안에 마련하는 문화 공동체로서의 자아이다. 이것이 곧 인간이 마련하고 또 인간이면 누구나 숙명적으로 속할 수밖에 없는 '우리'로서의 주체이다. 온생명 안에서 인간에 의해서든 혹은 다른 생물 종에 의해서든 이것과 다른 집합적 주체가 있을 수는 있겠으나, 여러 정황으로 보아 이것에 비견할 정도는 되지 못하므로 사실상 '우리'로서의 주체가 온생명 규모로 확장할 수 있는 유일한 집합적 주체라 할 수 있다.

그렇다면 이러한 집합적 주체는 언제부터 어떻게 생겨난 것인가? 이것은 문화 공동체로서의 인간의 역사가 말해 준다. 인간의 집합적 주체는 인간의 문화 공동체와 함께 출현했다. 문화 공동체를 이루면서 인간은 삶의 여건과 앎의 내용을 의식적으로 개선하는 노력을 기울여 왔고, 그 결과로 이루어진 것이 바로 인간의 문명이다. 이러한 문명을 통해 인간은 다시 자신의 집합적 주체를 심화하고 확장해 왔다. 그러나 최근에 이르기까지도 인간의 집합적 주체 안에 담겨 있던 자아의 내용은 '인류' 곧 생물 종으로서의 인간을 크게 넘어서지 못하고 있었다.(사실 집합적 자아의 내용이 부족이나 민족을 넘어 인류에 이르게 된 것도 그리 오래되지 않는다.) 그렇기에 인간은 자연을 인간과 대립되는 개념으로 보고 자연 속에서 인간의 자리를 넓혀 나가는 것을 문명의 한 지향점으로 여겨 왔다.

그러다가 최근 들어 과학과 기술의 힘이 급격히 커지면서 사정은 크게 달라졌다. 자연은 이제 인간과 대립되는 개념이 아니라 이들이 합쳐 비로소 생명이 이루어지는 온생명의 한 부분임이 밝혀진 것이다. 따라서 인간의 생존은 온생명 안에서, 온생명의 정상적인 생리에 맞추어 이루어져야 함이 분명해졌다. 그러나 이 점을 미처 의식하지 못한 인간은 지나온 문명의 관성에 경도되어 엄청난 기술력을 동원해 오히려 온생명의 생리를 붕괴시키는 일에 열을 올리고 있다. 그 결과 수많은 병리적 증상이 나타나고 있으며, 이는 이미 인간의 생존 자체를 위협하는 지경에 이르고 있다. 최근 심각한 문제로 등장한 지구온난화와 생물 종의 대규모 멸종 사태가 그 증상의 노출된 일부이다.

이러한 상황을 우리는 어떻게 보아야 할 것인가? 인간은 온생명의 한 참여자로서 그 안에 있는 다른 참여자들과의 바른 관계를 형성하며 생존해 간다. 그러다가 어느 때부터 우리는 하나의 주체가 되면서 이러한 작업을 의식적으로 수행하게 되었다. 이렇게 하여 우리에게는 '나'가 생기고 '너'가 생기며 또 나도 너도 아닌 '그것'이 생긴다. 그러나 인간만이 '나'라고 보며, '그것'들에 대해 '너'의 지위조차 인정하지 않을 때, 그리고 내가 월등히 큰 힘을 가질 때, 인간과 온생명 내 다른 참여자들과의 관계는 크게 뒤틀릴 수밖에 없다. 그렇기에 유일하게 가능한 대안은 우리의 주체 곧 '나'의 범위를 그들에게까지 확장하는 것이다.

사실 진정 살아 있는 존재는 온생명이며, 그런 의미에서 진정한 내 몸은 온생명이다. 우리의 주체 의식이 아직 여기에 미치지 못하는 것은 이러한 지적 이해가 오직 소수의 사람들에게만 미치고 있을 뿐 대다수 사람들은 이를 알지 못하기 때문이다. 그리고 설혹 이를 안다고 해도 이것이 진정 '나'라고 느끼게 되기까지는 또 몇 가지 장벽을 넘어야 한다. 그 하나는 심정적 장벽이다. 설혹 나도 너도 아닌 '그것'이 내 몸의 일부임을 지성에 의해 수용하더라도 많은 경우 심정적인 저항을 받을 수 있다. 이럴 경우 깊은 명상을 통해 그간의 미망을 덜어 내는 '수행'이 도움을 줄 수도 있을 것이다.

반면 다른 참여자들이 실은 나눌 수 없는 전체 곧 온생명으로의 내 몸의 한 부분이라는 사실을 마음속 깊이 깨우칠 때 여기에 맞는 심정적 변화 또한 따라온다. 온몸이 건강하고 조화로울 때 평온을 느끼고, 어딘가 조화가 깨지고 무리가 생길 때 아픔을 느끼듯이, 온생명 어느 부분이 상해를 입을 때 마음속 깊이 아픔을 느낀다면 이미 이러한 깨우침에 다가서고 있는 것이다. 실제로 일부의 사람들은 온생명에 대한 명시적인 이해 없이도 어떤 직관을 통해 자신을 온생명적 자아로 받아들이고 아픔과 기쁨을 온생명과 함께하기도 한다.

동아시아 문명권에서는 이러한 깨달음에 이른 사람들을 일러 성인이라고 불렀다. 『태극도설』에서 "성인이 사람의 바른 자리를 세운

'뫼비우스의 띠'로 엮인 주체와 객체

다.(聖人 …… 立人極焉.)"라고 하는 말은 이러한 성인이 자신의 깨달음을 통해 얻어 낸 바를 인간 삶의 바른 지표로 제시하고 있다는 뜻으로 해석할 수 있다.

9 우주사적 사건과 우주사적 비극
— "군자는 이를 지켜 길하고 소인은 이를 어겨 흉하다"

이와 관련해 하나의 흥미로운 물음을 던질 수 있다. 온생명은 그 자체로서 진정한 의미의 주체가 될 수 있는 존재인가 하는 물음이다. 물론 이 점에 대해 논란의 여지가 있을 수 있다. 그러나 주체성에 관한 한, 그 무엇이 주체가 된다는 가장 분명한 증거는 당사자 자신에 의한 주체성 주장이다. 만일 어떤 존재가(인간이든 아니든) 마음속에서 진정 자신을 주체로 여긴다면 누가 그것을 아니라고 부정할 수 있겠는가? 그러니까 우리 가운데 누가 자신이 곧 온생명이며 온생명을 자신으로 느끼고 있다고 말한다면, 이것만으로도 온생명이 주체성을 가진다고 말할 수 있다. 설혹 그가 명시적으로 온생명이란 표현을 쓰지 않더라도 내용적으로 이와 유사한 어떤 것을 말한다면 이 또한 온생명의 주체가 아니라 하기 어렵다. 이런 점에서 이미 많은 현인들이 이러한 느낌을 표명해 왔다는 것은 의미심장한 일이다.

하지만 이러한 점을 인정하더라도 아직 우리 온생명이 의식을 가지고 자신의 삶을 주체적으로 영위해 나가는 단계에 이르렀다고는 말하기 어렵다. 이러한 의식은 아직 일부 소수자 사이에서 나타날 뿐이며, 온생명의 신체를 현실적으로 움직이고 있는 대다수 사람들의 의식은 아직 여기에 크게 못 미치기 때문이다. 그러니까 우리 온생명은 지금 자신의 존재를 스스로 파악하는 깨어남의 단계에 있다고는 할 수 있지만, 이미 깨어나서 스스로 몸을 움직여 현실 속에서 각성된 삶을 영위해 나간다고 보기는 어렵다.

그러나 만일 우리 온생명이 스스로 깨어나 명실공히 자신의 삶을 주체적으로 영위하는 단계에 온다면, 이는 오직 인간의 집합적 주체가 온생명으로의 의식을 가지고 온생명적인 삶을 이루어 낼 때 가능할 것임에 틀림없다. 그러한 의미에서 온생명 안에서 인간이 담당하게 될 가장 중요한 기능은 마치 인간 신체 안에서 신경 세포들이 담당하고 있는 기능과 흡사하다. 인간의 의식이 두뇌를 구성하는 신경 세포들의 활동을 통해 가능해지는 것과 같이 온생명 의식 또한 인간들의 집합적 지성과 집합적 감성이 이루어 내는 활동을 통해 가능해질 것이기 때문이다.

이제 만일 온생명의 이러한 깨어남이 완성되어 우리 온생명이 그 자체로 의식의 주체가 된다면, 이것이야말로 역사적 사건이란 말로서도 부족한 가히 '우주사적 사건'이라 불러야 할 일이 된다. 우리 온생명은 약 40억 년 전 우리 태양-지구계를 바탕으로 태어나 크고 작은 어려움을 겪으며 지속적인 성장을 거듭해 왔지만, 아주 최근에 이르기까지도 대부분의 식물이 그러하듯이 스스로를 의식하지 못하고 오로지 생존 그 자체만을 수동적으로 지속해 왔다. 그러다가 이제 인간의 출현과 함께 이들의 집합적 지성에 힘입어 40억 년 만에 처음으로 스스로를 의식하며 이 의식에 맞추어 자신의 삶을 주체적으로 영

'뫼비우스의 띠'로 엮인 주체와 객체

위해 나가는 존재로 부상할 계기를 맞이한 것이다. 주체적 자아의식, 그리고 이를 통한 주체적 삶의 영위라는 것은 개별 인간의 차원에서도 매우 놀라운 일이지만, 더욱이 이것이 온생명 차원에서 온생명 전체를 단위로 하여 나타나게 된다는 것은 정말 놀라운 사건이라 하지 않을 수 없다. 이러한 존재가 이러한 의식을 가지고 과연 어떠한 세계를 개척해 넬지 아직 겪어 보지 못한 우리로서는 오직 설레는 마음으로 기다려 볼 뿐이다.

하지만 안타깝게도 우리의 현실은 지금 낙관만 할 수 있는 상황이 아니다. 이 온생명이 신체적으로 매우 위험한 처지에 놓여 있기 때문이다. 우리 인간은 온생명의 신경 세포 구실을 제대로 시작하기도 전에 이미 암세포로서의 구실을 하고 있다. 잘 알려진 바와 같이 암세포는 숙주의 몸에 침투한 외부의 침입자가 아니라 그 신체의 일부이다. 암세포가 정상적인 세포와 다른 점은 오직 자신을 더 증식시켜야 할 때와 그렇지 않을 때를 구분하지 못하고 지속적으로 증식만을 해 나간다는 점이다. 암세포의 끝없는 증식이 결국 숙주 생명체의 정상적인 기능을 가로막아 숙주 생명체를 죽음으로 이끌어 가게 된다. 인간 또한 암세포처럼 온생명의 중요한 부분에 자리를 잡고 있으면서 온생명의 정상적인 생리를 파악하지 못하고 오로지 자신의 번영과 증식만을 꾀함으로써 온생명의 몸 곧 생태계를 크게 파손하는 일면을 가지고 있다.

이것은 하나의 역설이다. 우리 온생명이 태어난 지 40억 년 만에 드디어 높은 지성과 자의식을 갖고 진정 삶의 주체로 떠오르려 하는 바로 그 시점에, 이러한 것을 가능케 하리라 기대되는 바로 그 인간이란 존재가 이미 암세포로 전환되어 온생명의 생리를 위태롭게 하고 있는 것이다. 그나마 한 가지 희망을 보여 주는 일이 있다면, 적어도 우리 인간의 일부가 뒤늦게나마 이 사실을 파악하고 이 난국을 헤쳐 나가기 위해 애쓰고 있다는 점이라 할 수 있다.

『태극도설』에서는 이러한 상황과 관련하여 "군자는 이를 지켜 길하고 소인은 이를 어겨 흉하다.(君子修之吉 小人悖之凶.)"라고 말하고 있다. 여기서 군자를 온생명을 자신으로 여기며 사는 사람으로 보고, 소인을 여전히 낱생명만을 자신으로 여기며 사는 사람이라고 해석한다면, 군자의 삶은 설혹 작은 자신을 희생해서라도 온생명을 살려 나가기에 길하고 소인의 삶은 자신의 낱생명만을 생각하는 나머지 자신도 모르게 온생명을 사멸시키는 일에 기여하게 되므로 흉하다는 것을 지적한 말이 된다.

10 이해를 추구하는 자기 자신에 대한 이해
─ "시작과 종말을 연결하니 삶과 죽음의 이치를 알게 된다"

이상의 논의를 통해 우리의 문명이 무엇을 지향해야 하는지 대략 가늠해 볼 수 있다. 한마디로 말해 우리 온생명이 더욱 건강하고 풍요롭게 성장해 나가야 하며 이를 위해 우리 모두가 함께 기여해야 한다. 그러나 무엇이 과연 우리 온생명을 건강하게 하고 풍요롭게 성장하게 하는지에 대해 우리 모두가 현재 정확한 답을 아는 것은 아니다.

그러므로 우리는 우선 다음의 두 가지 점에 유의해야 한다. 첫째

'뫼비우스의 띠'로 엮인 주체와 객체

는 개략적으로나마 어느 것이 옳은 길인지 어느 것이 그릇된 길인지를 분별하여 그릇된 길을 버리고 옳은 길을 택해 온생명이 처한 당면한 위험을 극복하도록 하는 일이다. 사실 지금 온생명이 처한 위험은 너무도 명백해 보이므로 이 점에 대해 커다란 어려움은 없을 것이다.

둘째로는 이러한 점에 대한 우리의 지적 탐구를 더욱 심화시켜 나가야 한다. 오늘 우리가 아는 내용들은 이전에 알던 것들에 비해서는 월등히 우월한 것이지만 이것이 궁극적인 진리는 아니기에 보다 나은 이해를 위해 부단히 노력하고 만에 하나 잘못 알고 있는 점이 드러나면 지체 없이 수정하여 우리의 진로를 바꾸어야 한다. 이러한 이해의 심화 과정은 개별 지식의 차원에서만 오는 것이 아니라 앎의 체계 전체에서 올 수도 있다. 위에서 이미 언급했듯이 우리 앎의 체계가 뫼비우스의 띠와 같은 형태를 가졌다고 할 때 우리는 이 띠 전체를 계속 순환해 가며 점검함으로써 행여 어느 한 곳에 그리고 전체의 이음새에 커다란 과오가 없었는지를 지속적으로 살펴 나가야 한다.

지금까지 논의한 우주와 인간의 관계를 한마디로 요약하자면 우주는 인간을 창출하고 인간은 다시 그 우주를 이해한다고 할 수 있다. 그런데 인간에 의한 이러한 우주 이해 속에는 다시 우주가 인간을 창출하는 모습이 담겨 있으며, 이 모습을 통해 인간은 다시 '이해를 추구하는 자기 자신에 대한 이해'에 이르게 된다. 그리고 인간의 이러한 자기 이해는 우주와 인간 사이의 관계를 맺고 있는 이 커다란 순환의 틀 곧 뫼비우스의 띠를 거듭 순회할수록 깊어지게 된다.

『태극도설』의 "시작과 종말을 연결하니 삶과 죽음의 이치를 알게 된다.(原始反終 故知死生之說.)"라는 언급이 이러한 내용을 함축한다고 보는 것은 약간의 비약일 수 있겠지만, 적어도 이것이 한층 높은 앎의 지평을 통해 삶의 지혜를 추구하려는 우리 노력과 궤를 함께하는 것임에는 틀림없다.

'뫼비우스의 띠'로 엮인 주체와 객체

일반적 관계와
한국적 위상

자연과 예술

김인환

고려대학교 명예교수

1 과학과 문학

전쟁 중에 BBC 라디오에서 중학생들에게 강의한 내용을 책으로 정리한 데이루이스(1904~1972)의 『청소년을 위한 시 이야기(*Poetry for You*)』는 1944년에 처음 나와 1967년에 21쇄를 찍었으니 베스트셀러라고 할 만한 시론서이다. 이 책에서 데이루이스는 수선화를 보는 두 가지 방법에 대해 이야기한다.

(1) 나르시수스 슈도나르시수스: 화경(花莖)은 비어 있고 두 개의 능선(稜線)을 가지고 있으며 그 정점 가까이 막질(膜質)의 엽초(葉鞘)와 하나의 꽃을 가지고 있음. 밀선(蜜腺)은 그 가장자리가 깔죽깔죽하고 곱슬거리며 악편(萼片)과 화판(花瓣)에까지 이르고 있음.

(2) 하늘 높이 떠도는 한 조각 구름처럼 외로이
골짜기와 언덕 위를 헤매다가
나는 문득 보았네, 수없이 많은
황금빛 수선화가 한 무리로 어울려
호숫가 나무숲 그늘에서
미풍에 팔락이며 춤추는 것을

일반적 관계와 한국적 위상

(1)의 설명은 분석적이다. 그것은 우리의 감각으로 느끼는 다른 모든 사물들과 완전히 구별되는 별개의 사물로서 수선화를 관찰하고 구성 요소들을 분류하여 그것이 어떻게 구성되어 있는가를 기록한다. (2)의 설명은 수선화를 다른 많은 것들 — 나무들, 호수, 미풍, 고독(적어도 이 무수한 황금빛 수선화를 보기 전까지는 한 조각 구름처럼 외로웠다고 말하니까) 과 관련시키고 있다. 시와 과학의 차이를 이루는 것은 느낌이 포함되었 는가의 여부에 달려 있다. 과학은 단지 사물을 분석하는 일에만 관련되 는 것이 아니고 또한 사물들을 서로 관련시켜 그것들의 배후에서 작용 하는 자연법칙을 발견하려고 한다. 과학자는 사실들을 서로 관련시키기 위하여 이론과 관찰과 실험을 사용하는 반면 시인은 그 자신의 느낌과 정서를 사용한다. 과학자가 수선화를 기술할 때 정서를 사용한다면 잘 못된 일일 것이고 시인이 그렇게 하지 않는다면 그것 또한 잘못된 일일 것이다.[1]

과학 문장은 뜻 겹침을 배제하는 데 반하여 문학 문장은 뜻 겹침 을 포섭한다고 말할 수도 있다. 예이츠의 시 「조용한 처녀」도 자연에 대해 무엇인가를 말해 주는 시이다. 그러나 이 시에 나오는 자연이 무 엇인가를 산문으로 풀어서 설명하기는 쉽지 않다.

팥빛 모자 까닥이며
조용한 처녀 어디를 가나?
별들을 깨운 바람이
내 핏속에 불고 있네.

그녀 가려고 일어설 때
내 어찌 태연할 수 있으랴?
번개를 부르는 소리
이제 내 가슴에 파고드네.

Where has Maid Quiet gone to,
Nodding her russet hood?
The winds that awakened the stars
Are blowing through my blood.
O how could I be so calm
When she rose up to depart?
Now words that called up the lightning
Are hurling through my heart.[2]

우선 한 행에 액센트가 세 개 들어 있는 세 음보 행을 기조로 하고 있지만 액센트가 두 개 들어 있는 두 음보 행이 섞여 있어서 시의 구조가 혼합 음보로 짜여져 있다는 것에서 이 시의 운율이 규칙적인 운율법을 따르지 않는다는 것을 알 수 있다. depart와 heart 이외에는 각운이라고 할 수 있는 단어도 찾기 어렵다. 그러나 hood와 blood, lightning과 hurling, blowing과 blood 같은 단어들이 가로세로로 얽혀 각운, 두운, 중간운의 기능을 하면서 미묘한 소리 효과를 빚어내고 있다. 이 시에서 규칙적인 운율법은 배후의 유령으로만 작용하고 있지만 이 시의 소릿결은 규칙적인 운율에 못지 않게 시의 의미를 결속해 주고 있다고 말할 수 있다. 이야기는 단순하기 그지없다. 한 노인이 앉아 있는 소녀를 바라보고 있는데 그녀가 일어나서 어디론가 가버린다. 그 이외에는 아무런 일도 일어나지 않는다. 그런데 폭발할 듯한 생명력을 조용하게 누르고 앉아 있는 소녀가 우주를 다스리는 여신이 된다. 노인에게는 소녀의 성질이나 양태가 아니라 소녀가 현존한다는 것 그 자체가 우주적인 사건이다. 그녀로 인해서 지금까지 따로 놀던 별과 바람과 피가 서로 통하여 작용하게 된다. 그것들은 각각 우주의 질료인 고체와 기체와 액체를 대표한다. 빛을 내는 별은 고체이면서 기체이고 흐르는 바람은 기체이면서 액체이고 붉은 피는 액체이면서 기체이다. 소녀의 생명력이 노인의 메말라 가는 피와 하늘의 별을 한데 묶어 노인의 정신으로 하여금 자연의 리듬에 맞춰 춤출수 있게 한다. 이 시의 비유는 유사성을 비교하는 이미지가 아니라 우주적 원소들의 상호 작용을 조명하는 이미지이다. 시는 자연에 대하여 운율과 비유로 말한다. 그런데 현대 시의 운율과 비유는 무엇인가를 말하면서 무엇인가를 감추는 하나의 질문이다. 운율과 비유는 현대 시 속에서 서로 의존하고 서로 침투하며 서로 반발하고 서로 유인한다. 운율을 통해 시간이 압축되고 비유를 통해 공간이 겹쳐짐으로써 개인의 경험이 인류의 경험으로 확대된다. 아름다운 소녀들은 우리의 주변에 늘 있지만 바람과 별과 피를 한자리에 모이게 하는 소녀를 만나는 것은 늘 있는 사건이 아니다. 운율과 비유에는 우리를 경험의 구속으로부터 해방시켜 주는 힘이 깃들어 있다. "별들을 깨운 바람이 내 핏속에 불고 있네."라는 조명하는 이미지는 비교하는 이미지로 번역되지 않는다. 우리는 이 시의 비유를 "마치 바람이 별들을 깨운 것처럼 그와 같이⋯⋯."라고 바꿔 쓸 수 없다. 이 비유는 바람과 별과 피의 유사성이 아니라 별과 바람, 바람과 피, 피와 별의 상호 작용에 근거하고 있기 때문이다. 유사성의 비유는 이미지를 주는 말과 이미지를 받는 말이 정해져 있는 데 비하여 상호 작용의 비유는 비유를 구성하는 모든 말이 이미지를 주는 말이면서 이미지를 받는 말이다. 조명하는 이미지의 의미 자질들은 전자장처럼 퍼져 나가면서 다른 의미 자질들과 부딪쳐서 새로운 의미를 창조해 낸다. 새로운 의미에는 늘 물음표가 들어 있다.

철학자이고 작곡가이고 피아니스트이면서 음악 평론가이기도 했던 아도르노(1903~1969)가 쓴 「수필의 형식(Der Essay als Form)」이라는 제목의 수필론이 1958년에 나온 『문학 노트(Noten zur Literatur)』에 들어 있다. 아도르노는 이 글에서 "에세이는 근대 초기에 데카르트가 확립한 네 개의 규칙에 대한 항의이다."라고 규정했다. 아도르노의 수필론에는 '예술이란 무엇인가'라는 질문에 대한 고심이 들어 있다. 나는 데카르트의 네 가지 규칙에 대한 항의가 수필의 특징이면서 미술의 특징이기도 하다는 사실을 해명하는 것으로 자연과 예술의 관계에 대한 논의를 풀어 나가고자 한다.

데카르트는 우리의 인식을 확실하고 분명하게 하는 근거에 대하여 알고 싶어 했다. 확실하고 분명한 인식을 얻기 위하여 데카르트는 조금이라도 의심이 가는 모든 것을 거짓된 것으로 여기고, 이렇게 한 후에도 의심할 수 없는 어떤 것이 남는가 보아야 한다고 생각했다. 데카르트는 단순한 성질들을 확실하고 분명하게 파악하는 지성의 통찰

일반적 관계와 한국적 위상

력을 직관이라고 하고 인간의 직관이 지식의 체계를 형성할 수 있는 네 개의 규칙을 설정하였다. 네 가지 규칙을 제대로 지키기만 하면 누구나 쓸데없이 헤매지 않고 참된 인식에 도달할 수 있다는 것이다.

첫째, 내가 명징하게 참되다고 안 것 이외에는 어떤 것도 참된 것으로 받아들이지 않을 것. 즉 속단과 편견을 피할 것. 그리고 의심할 여지가 조금도 없을 정도로 아주 확실하게 또 아주 분명하게 내 정신에 나타나는 것 이외에는 아무것도 내 판단 속에 넣지 않을 것. 둘째, 될 수 있는 대로 내가 검토할 문제의 하나하나를 그것들을 해결하는 데 필요한 만큼의 작은 부분들로 나눌 것. 셋째, 내 생각들을 순서 있게 이끌어 나아가되, 가장 단순하고 가장 쉬운 것에서부터 시작하여 계단을 올라가듯 조금씩 위로 올라가 가장 복잡한 것의 인식에 이르도록 할 것. 그리고 자연대로는 피차 아무런 순서도 없는 것들 간에도 순서가 있는 듯이 가정하고 나갈 것. 넷째, 하나도 빠뜨리지 않았다고 확신할 수 있을 정도로 완전한 매거(枚擧)와 전체에 걸친 통관(通觀)을 어디서나 행할 것.

첫째 규칙은 직관에 확실하고 분명하게 나타나는 것만을 자신의 판단으로 삼으려는 시도이고, 둘째 규칙은 문제를 분할하여 그 부분 하나하나에 대하여 확실하고 분명한 직관을 얻으려는 시도이다. 인간은 대상을 한정하고 분절해야 대상의 본질을 알 수 있다. 분절이 없으면 본질도 없다. 셋째 규칙은 맨 처음의 원리들을 직관하고 단순한 중간 항들을 직관한 후에 이것들을 방정식으로 만드는 절차이다. 방정식의 규칙에는 필연적인 논리의 전개에 의하여 하나의 지식으로부터 다른 지식을 끌어낼 수 있다는 믿음이 전제 되어 있다. 넷째 규칙은 실험과 귀납의 규칙이다.

네 개의 규칙 중에서 특히 방정식의 규칙과 실험의 규칙은 근대 과학의 두 기둥이 되었다. 과학의 반이 경험과 실험이라면 과학의 나머지 반은 선험과 수학이다. 경험과 실험의 확인자라는 의미에서 수학을 선험(先驗) 과학 또는 정험(定驗) 과학이라고 한다. 수학은 특수한 실험에 보편성을 부여해 준다. 수많은 삼각형을 경험하는 단계에서 피타고라스의 정리를 발견하는 단계로 가는 것을 칸트와 후설은 초월이라고 했다. 종교에서는 하느님을 향해 자아를 넘어서는 것을 초월이라고 하지만 철학에서는 실험에서 수학으로 가는 것, 다시 말하면 개(個, Einzelne)에서 유(類, Art, Gattung, Algemeine)로 가는 것을 초월이라고 한다.

에세이를 이 네 개의 규칙에 대한 항의라고 한다면 그 항의의 내용을 어떻게 규정할 수 있을까.

첫째, 에세이는 확실하고 분명한 인식을 요구하지 않는다. 에세이는 보물을 찾아 헤매는 자의 강박 관념을 거부하고, 최초의 것을 요구하는 공리주의를 거부한다. 에세이 속에는 일관성과 완전성에 대한 요구까지도 취소하려는 욕망이 잠재되어 있다. 에세이는 노동의 윤리를 따르지 않고 감정과 상상의 자발성을 따라간다. 에세이스트는 이야기를 아담과 이브에서 시작하지 않고 대상에 대하여 생각이 떠오르는 데에서 말하기 시작하여 스스로 그치고 싶은 곳에서 중단한다. 빈틈없는 개념의 건축을 바라지 않고, 개념의 정의 자체를 거부하고, 어떤 것을 원리에 환원하는 일에서 벗어나 에세이는 하찮은 것

속에 머무르는 반어적인 겸손을 보여 준다. 에세이스트는 변하는 것, 무상한 것, 하찮은 것 속에 머무르며 변하는 것, 무상한 것, 하찮은 것을 영원한 대상처럼 다룬다.

몽테뉴도 『수상록』의 한 대목에서 이렇게 말했다.

지금까지 있었던 가장 현명한 인간은 무엇을 아느냐고 누가 물어보자 자기가 아무것도 모른다고 대답하였다. 그는 우리가 아는 것의 최대 부분은 우리가 모르는 사물들의 최소 부분이라는 것, 다시 말하면 우리가 아는 것은 우리가 모르는 것의 적은 부분에 지나지 않는다는 것을 증명하였다.[3]

둘째, 에세이는 분할을 요구하지 않고 전체를 가정하지 않는다. 에세이스트에게 전체는 진리가 아니다. 에세이는 지금 여기를 강조하고 부분을 강조한다. 인간의 구체적 현실은 분할되거나 한정되거나 분절되기 어렵다. 우리는 늘 유한한 상태에 처해 있지만 우리의 본성은 늘 그 유한한 상태를 부정하고 있기 때문이다. 우리의 삶에서는 이것은 유한이고 저것은 무한이라고 분할할 수 없다. 우리의 삶 속에 유한과 무한이 같이 있다. 우리에게 끝없이 다른 곳을 꿈꾸게 한다는 점에서 본다면 무한은 유한의 내적 동태이다. 어떤 것은 어떤 성질들을 포섭하고 다른 성질들을 배제함으로써 다른 것과 구별되는 바로 그 어떤 것으로 규정된다. 하나하나의 성질들은 다른 성질들과의 관계에 의해서만 그러한 성질로 규정되는 것이다. 인간에게는 수많은 관계의 집합을 응집하는 힘이 있다. 인간에게는 다른 것들과의 관계보다 자기 자신과의 관계가 더 중요하다. 다른 것들과의 관계는 인간의 상태를 구성하지만 자기 자신과의 관계는 인간의 본성을 구성하기 때문이다. 인간은 상태를 본성에 통합하면서 변화한다. 에세이는 눈에 띄지 않게 대조를 이루는 요소들을 색채들의 기능 교환과 유사하게 연합시키고, 구성 요소들을 음악의 논리를 따라 병렬시킨다.

몽테뉴도 분절과 한정의 어려움을 알고 있었다.

> 대자연의 무한한 힘은 더한층 존경심을 가지고 또 우리가 무식하고 허약하다는 인식을 가지고 판단해야 한다. 믿을 만한 사람이 증명한 것으로서 진실일 듯싶지 않은 사물들이 얼마나 많은가. 그런 것을 믿지 못하겠거든, 적어도 판단을 유예해 두어야 한다. 그런 일이 불가능하다고 결정하는 것은 당돌한 자부심이며 가능성의 한계를 알고 있다고 잘난 체하는 짓이다.[4]

셋째, 에세이는 단순한 것에서 출발하지 않고 복합적이고 일상적인 것에서 출발한다. 에세이는 경험을 있는 그대로 묘사하기 위하여 첫걸음부터 다각적 관점을 보유하고 경험으로부터 모호성을 제거하려고 하지 않는다. 우리의 생활을 구성하는 것들은 필연적으로 이러저러한 형태로 존재해야 하는 것은 아니다. 그것은 얼마든지 다른 형태로 존재할 수 있었다. 내 남편은 다른 여자의 남편이 될 수도 있었다. 내 남편을 필연으로 만드는 것은 수학이 아니라 나의 결단이다. 소득과 소비를 계산하는 데는 방정식이 필요하겠지만 사랑과 증오를 처리하는 데는 수학이 필요하지 않을 것이다. 에세이의 정신은 보편성에서 비켜서는 이단의 정신이다. 확고한 결론을 가지고 있는 사람은 수필을 쓰지 못할 것이다. 수필의 주체이면서 동시에 수필의 대상이 되는 수필가의 마음은 언제나 수련의 주체이고 시험의 대상이기 때문이다. 확고한 결론을 가지고 있는 사람의 마음은 과거로 차 있어서 미래가 들어설 자리가 없다. 사고의 깊이는 사실 속에 어느 정도로 침잠하는가에 따라 결정되는 것이지, 확고하고 의심할 여지없는 추론의 결과로 사실을 얼마나 잘 환원하는가에 따라 결정되는 것이 아니다.

몽테뉴는 이렇게 말했다.

남이 칭찬해 주는 것이 도덕적 행동의 보수라고 생각하는 일은, 그 근거가 너무 불확실하고 어지럽다. 특히 지금처럼 부패하고 무식한 시대에는 사람들이 좋게 보아 준다는 것이 도리어 모욕이 된다. 어느 누구의 말을 믿고 칭찬할 만한 일이라고 판단할 것인가. 내가 날마다 보는바, 각자가 이것이 명예스러운 일이라고 자기를 추어서 말하는 식의 착한 사람이 될 생각은 아예 말 일이다.[5]

넷째, 에세이는 누락되는 것을 두려워하지 않는다. 현실의 균열을 가리는 개념 체계에 반대하고, 에세이는 균열 속에서 균열의 틈을 통하여 생각한다. 불확실한 것에 반대하여 정신을 보호해야 한다는 생각은 에세이의 적이다. 현실에는 반드시 공존하는 두 적대적 힘들 사이의 대립이 들어 있다. 위기와 동요는 현실의 정상적인 과정이다. 역사적 현실에서 본질 파악은 모순 인식 이외에 다른 것이 아니다. 에

114

세이스트는 글이 끝났다고 하여 그곳에 더 이상 남는 것이 없다는 사태는 결코 있을 수 없음을 스스로 잘 알고 있다. 삶을 조금이라도 반성해 보면 누구나 과학의 그물로 담을 수 없는 경험이 허다하다는 사실을 이해하게 된다. 완결될 수 없고 예상할 수 없는 생생한 경험은 과학이 포착할 수 없는 삶의 구체적 연관들을 드러낸다. 희망과 환멸 속에서 나타나는 개인의 경험은 심리학과 사회학이 분리되기 이전의 생동하는 직접성을 보여 준다.

다시 몽테뉴의 말을 들어 보자.

> 학문을 단지 노리개나 소일거리로 삼는 것은 시신들을 천대하는 일이라고 말하는 이가 있다면, 그는 쾌락과 노리개와 소일거리의 값어치가 얼마나 큰가를 모르고 하는 말이다. 자칫하면 다른 모든 목표는 꼴사나운 일이라고까지 말하고 싶다. 그리고 좀 말하기가 거북하지만 나는 나를 위해서만 살아간다. 내 의도는 거기서 그친다. 나는 젊어서는 남에게 자랑하기 위해 공부했고 다음에는 나를 만족시키기 위해 공부했고 지금 이 시간에는 재미로 공부한다. 소득을 위해서 공부한 일은 결코 없다. 이런 종류의 가구를 가지고 내 필요에 충당할 뿐 아니라 서너 걸음 더 나가서 나를 덮어 치장하려는 낭비적인 헛된 심정은 버린 지 이미 오래다.[6]

아도르노는 에세이스트를 과학자에 못지않은 실험가로 묘사하면서 그의 수필론을 마무리하였다.

에세이스트는 실험하며 글을 쓰는 사람, 대상을 여기저기 조사하고 물어보고 모색하고 시험하고 순간마다 철저하게 자기 자신을 반성하는 사람, 다각도에서 대상에 몰두하며, 자기가 본 것을 마음의 눈에 집중하는 사람, 글을 쓰면서 생겨난 여러 조건이 제시하는 새로운 내용을 그때그때 음미하고 이용하는 사람이다.[7]

2 수학과 미술

수학과 미술은 다 같이 자연을 대상으로 하여 실험하는 작업이라고 할 수 있다. 수학과 미술에 공통으로 가장 많이 나오는 형태는 세모와 네모와 동그라미이다. 수학과 미술은 모두 시각 단위에서 출발한다. 이데아가 본다는 의미의 동사 이데인($i\delta\epsilon\iota\nu$)의 명사형이라는 데서도 짐작할 수 있듯이 수학과 미술은 볼 줄 아는 기술이다. 수학과 미술의 출발점은 시각 단위이다. 도표를 사용하지 않으면 삼각 함수도 미적분도 증명할 수 없다. 그러나 수학이 개별성에서 시작하여 보편성으로 끝나는 데 반하여 미술은 개별성에서 시작하여 개별성으로 끝난다. 미술은 감각에서 출발하여 끝까지 감각의 차원을 떠나지 않는다. 그림은 어디까지나 내가 본다는 사실을 관철하려고 한다. 그러나 내가 본다는 것은 내 시야를 넘어서서 보지 못하기 때문에 다른 사람의 시야를 받아들임으로써 다른 사람에게도 통하도록 두루 보려고 하는 노력이 포함되어 있다는 점에서 미술은 개별성에서 출발하여 보편적 개별성 또는 유적 개성을 향하여 나아간다고 말할 수 있다. 수학도 개별적 형태에 대한 감각 인상에서 출발하지만 수학은 개별성으로부터 보편성으로 초월한다. 수학의 목표는 보편적 개별성이 아니라 보편성 자체이다. 수학자와 미술가가 하는 일은 자연을 탐구하는 것이라고 할 수 있겠으나 그들의 작업은 서로 반대 방향을 향하고 있다. 수학 문제를 푸는 사람은 데카르트의 네 가지 규칙을 사용할 수 있으나 그림을 그리는 사람은 그 네 가지 규칙을 위반할 수밖에 없다.

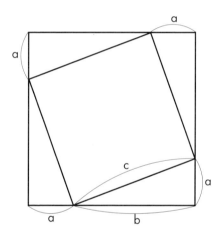

하나의 정사각형을 그리고 네 모서리에서 일정한 거리에 점을 찍고 그 네 개의 점을 이어서 또 하나의 정사각형을 그리면 두 개의 정사각형과 네 개의 직각 삼각형이 그려진다. 첫째 규칙을 따라 남의 의견을 따르지 않고 자기 눈으로 직접 사각형들과 삼각형들을 자세히 보는 것이 수학의 첫째 단계이다. 둘째 규칙을 따라 전체 도형을 두 개의 사각형과 네 개의 삼각형으로 나누어 다시 보는 것이 수학의 둘

일반적 관계와 한국적 위상

째 단계이다. 셋째 규칙을 따라 사각형들과 삼각형들의 면적을 계산하여 그것들 사이의 관계를 탐구하고 방정식을 만드는 것이 수학의 셋째 단계이다. 넷째 규칙을 따라 직각 삼각형의 모든 경우에 이 방정식이 통하는지 매거(枚擧)하고 통관(通觀)하는 것이 수학의 넷째 단계이다. 우리는 수학의 방법이 데카르트의 네 가지 방법과 일치한다는 것을 쉽게 이해할 수 있다. 두 사각형의 면적 c^2과 $(a+b)^2$ 그리고 삼각형의 면적 $\frac{1}{2}ab$를 구한 후에 $a^2+2ab+b^2$과 삼각형 네 개의 면적 $2ab$를 통하여 $a^2+b^2=c^2$을 구하는 것이 수학의 작업이다.

미술도 삼각형과 사각형을 시각 단위로 사용하지만 미술이 발견하려고 하는 것은 자연의 법칙이 아니라 자연의 개성이다. 그림은 여러 가지 힘들이 서로 밀고 끌고 어긋나는 공간이기 때문에 우리는 그림에서 하나의 제일 원리를 찾을 수 없다. 그림은 우리에게 확실하고 분명한 인식을 요구하지 않는다.(그림 그리는 사람은 데카르트의 첫째 규칙을 지키지 않는다.)

반듯한 종이는 아무런 힘도 지니고 있지 않다. 구겨지거나 찢어졌을 때 그 종이는 비로소 힘을 얻는다. 하나의 힘이 다른 힘과 만날 때에만 우리는 그 힘들을 느낄 수 있기 때문이다. 그림이란 결국 있는 것과 없는 것의 상호 작용에 의하여 형성된 공간이므로 그 공간은 전체를 가정하지 않는다. 요하네스 이텐은 노자를 이끌어 공간의 이러한 성질을 해명하였다.

서른 개의 바퀴살이 굴통에서 만난다.
그러나 그것들 사이에 있는 빈 공간이 바퀴의 본질이다.

질흙을 빚어서 그릇을 만든다.

그러나 그것 안에 있는 빈 공간이 질그릇의 본질이다.

창을 내고 문을 뚫어 집을 짓는다.

그러나 그것 안에 있는 빈 공간이 집의 본질이다.

물질은 쓰임새를 나타내고

비물질은 사물의 본질을 나타낸다.

Thirty spokes meet in the hub,

but the empty space between them is the essence of the wheel.

Pots are formed from clay,

but the empty space within it is the essence of the pot.

Walls with windows and doors form the house,

but the empty space within it is the essence of the house.

The principle:

Matter represents the usefulness

Non-matter the essence of things.[8]

三十輻共一轂 當其無 有車之用

埏埴以爲器 當其無 有器之用

鑿戶牖以爲室 當其無 有室之用

故有之以爲利 無之以爲用

이해하기 쉽게 번역되어 있으나 『노자』 11장의 마지막 문장은 두

구절이 동격으로 나열되어 있는 것이 아니므로 굳이 이(利)를 쓰임새로 번역하려면 용(用)도 쓰임새로 번역하여 "물질의 쓰임새는 비물질의 쓰임새에 말미암는다."라고 번역해야 할 것이다.(물질의 편리는 비물질의 작용에 의존한다는 의미이다.) 유영모는 다음과 같이 번역하였다.

> 서른 낱 살대가 한 수레 통에 몰렸으니
> 수레를 쓸 수 있음은 그 없는 구석에 맞아서라
> 진흙을 빚어서 그릇을 만드는 데
> 그릇을 쓸 수 있음은 그 없는 구석이 맞아서라
> 창을 내고 문을 뚫어서 집을 짓는 데
> 집을 쓸 수 있음은 그 없는 구석이 맞아서라
> 므로 있는 것이 좋음이 되는 건
> 없는 것을 씀으로써라[9]

그림을 그리는 일은 여러 가지 힘들이 서로 의존하고 서로 침투하는 공간을 형성하는 작업이고 그림을 보는 일은 그 공간에 참여하는 작업이다. 그림 전체에 온몸으로 침잠하는 사람은 그림을 부분으로 분할할 수 없다. 우리가 그림에서 경험하는 감각 인상들 하나하나가 서로 다른 힘을 지니고 있다. 같은 돌이라도 그것이 물 위에 떨어지느냐, 눈 위에 떨어지느냐, 흙 위에 떨어지느냐에 따라 다르게 경험된다. 조금 이지러진 동그라미는 완전한 동그라미들 사이에 있으면 이상하게 보이지만 많이 이지러진 동그라미들 사이에 있으면 정상으로 보인다. 그림은 이러한 힘들의 상호 작용에 의하여 형성된 동적 체계이다. 화가는 자신의 눈높이를 중심축으로 삼아 자연 안에 작용하고 있는 시각 단위들의 힘을 경험하여 동적 체계로 변형한다. 시각 단위들은 우리 신체의 위에 있거나 아래에 있거나 왼쪽에 있거나 오른쪽에 있거나 우리의 신체 앞으로 나오거나 우리의 신체로부터 뒤로 물러난다. 같은 점이라도 그림 안에서의 위치에 따라 다르게 경험되는 것이다. 만일 두 개 이상의 점이 그림 안에 나타나면 그 점들은 서로 당기거나 서로 물리침으로써 구심력 또는 원심력을 함축하게 된다. 점들의 크기와 빛깔이 변화할 때에는 감각 인상의 경험도 변화한다. 부정이 긍정을 전제하듯이 그림 안에 나타나 있는 색채들은 그림 안에 나타나 있지 않은 다른 색채들을 전제한다. 나타나 있지 않은 잠재적 색채들도 그림 안에서 구체적으로 작용하고 있다. 우리가 그림 안에서 경험하는 모든 감각 인상은 대립의 통일에 근거하여 형성된다. 나타남은 나타남과 숨겨짐의 통일이고 숨겨짐도 숨겨짐과 나타남의 통일이다. 힘들이 그림 안에서 올라가고 내려오고 들어가고 나오고 교차하고 회전하고 있을 뿐 아니라 동적 체계인 그림 자체가 하나의 움직이는 힘밭(力場)이다. 그림이 식물이나 동물처럼 살아 있을 수는 없다. 그러나 그림은 그 나름의 생명을 가지고 있다. 우리는 그림 안에서 물질이 농축된 에너지라고 하는 사실을 경험할 수 있다.

원근법을 사용한 그림은 하나의 고정된 관점에서 조직하여 이차원의 캔버스에 삼차원의 깊이를 부여한다. 그림을 그리는 사람은 눈높이에 맞추어 그은 수평선 위에 놓일 수 있는 여러 점 가운데 하나의 점을 선택하여 그것을 소실점으로 삼고 그림의 시각 단위들을 배치한다. 그림을 보는 사람은 그 소실점에 자신의 눈높이를 맞추려고 노력해야 하지만 그림을 그리는 사람의 눈높이가 그림을 보는 사람의 눈높이와 항상 일치하는 것은 아니다. 그림에서 삼차원의 공간을 읽어 내려면 우리는 원근법을 형성하는 하나의 고정된 관점과 우리 자신의 신체를 중심으로 하는 또 하나의 관점을 종합해야 한다. 하나의 고정된 관점은 그림의 공간 배치를 용이하게 해 준 대신에 인간의 자연스러운 경험을 여러 면으로 억제하였기 때문에, 인간의 시각 경험을 존중하는 여러 가지 원근법이 나타나게 되었다. 눈높이에 따르는 수평선의 양쪽에 두 개의 소실점을 설정할 수 있고 수평선에 그은 수직선 위에 또 하나의 소실점을 설정할 수 있으므로 우리는 1점 투시 원근법 이외에 2점 투시 원근법과 3점 투시 원근법을 사용할 수 있다. 2점 투시 안에 또 1점 투시를 설정하는 경우와 수평선과 수직선 대신에 대각선을 기본 축으로 설정하는 경우와 두 개 또는 세 개의 수평선을 설정하는 경우까지 고려하면 원근법의 종류는 그림의 종류만큼 다양하다고 말할 수 있을 것이다. 그러나 고정된 관점을 포기한 그림에도 고정된 관점은 배후의 유령으로 작용하고 있다. 근접, 유사, 연속, 폐쇄는 감각 인상들이 상호 작용하는 방법들이다. 서로 가까이 닿아 있는 시각 단위들은 무엇인가? 서로 비슷한 시각 단위들은 무엇인가? 어떠한 시각 단위들이 잇달아 있는가? 하나의 시각 단위들은 다른 시각 단위들로부터 어떻게 격리되어 자신을 폐쇄하고 있는가? 우리는 근접해 있는 시각 단위들을 하나로 결합하여 경험한다. 우리는 유사한 크기, 유사한 방향, 유사한 색채들도 한데 모아 경험한다. 우리의 눈은 그림 안에서 일정한 차이를 보이며 연속되는 시각 단위들을 따라 움직인다. 우리의 눈은 그림 안에서 점과 점의 사이를 선으로, 선과 선, 색채와 색채의 사이를 형태로 폐쇄한다. 우리는 우리의 신체를 중심으로 삼고 그림을 볼 수밖에 없다. 이것이 우리의 자연스러운 시각 경험이기 때문이다. 우리는 비슷한 모양을 다르게 볼 수도 있고 다른 모양을 비슷하게 볼 수도 있다. 우리는 시각 단위의 크기를 우리 신체의 크기와 비교하여 경험하며 우리 자신의 취미에 따라 시각 단위들을 익숙하게 받아들이기도 하고 낯설게 받아들이기도 한다.

그림은 시각 단위들을 바로 그렇게 배치하고 싶어 하는 욕망의 표현이다. 욕망을 분할할 수 없듯이 우리는 끊임없이 유동하고 있는 그림의 시각 단위들을 분할할 수 없다. 우리는 그림의 시각 단위를 파악하는 감각 인상에서 단순한 것과 복잡한 것, 용이한 것과 난해한 것을 구별할 수 없다. 그림을 그리는 사람이나 그림을 보는 사람은 가장 명료한 것 같았던 시각 단위가 수수께끼로 변하는 것을 수없이 체험한다. 미술은 전체를 가정하지 않고 분할을 요구하지 않는다.(화가는 데카르트의 둘째 규칙을 따르지 않는다.)

모든 시각 단위는 빛과 그림자의 상호 작용에 의하여 시각 단위로 규정된다. 그림의 동적 체계는 빛이 튀기고 끊기고 바뀌는 과정이다. 시각 단위들이 천천히 밝아지거나 천천히 어두워지면 그림 안에 부드러운 곡선이 생기고 시각 단위들이 갑자기 밝아지거나 갑자기 어두워지면 그림 안에 날카로운 각이 생긴다. 그림자가 어떻게 드리워지는가에 따라 시각 단위들의 움직임이 달라지는 것이다. 빛이 위에서 비치는가, 아래서 비치는가, 앞에서 비치는가, 뒤에서 비치는가에 따라서 시각 단위들은 서로 다른 감각 인상으로 경험된다. 하나의 고정된 조명으로 시각 경험을 축소시키지 않으려고 빛과 그림자를 앞으로 나오게 하거나 뒤로 물러나게 조절하는 그림도 있다. 빛과 그림자의 상호 작용은 그림 속에서 색채들의 상호 작용과 겹쳐진다. 기본 색채는 빨강·파랑·노랑이다. 빨강과 파랑이 섞이면 보라와 빨간 보라와 파란 보라가 생기고, 파랑과 노랑이 섞이면 초록과 파란 초록과 노란 초록이 생기고, 노랑과 빨강이 섞이면 주황과 노란 주황과 빨간 주황이 생긴다. 색채는 원래 자연의 빛깔이다. 파랑은 하늘의 빛깔이고 초록은 풀의 빛깔이고 주황은 오렌지의 빛깔이고 하양은 눈의 빛깔이다. 초록과 보라가 섞이면 올리브색이 되고 주황과 초록이 섞이면 황토색이 되고 보라와 주황이 섞이면 밤색이 된다. 색채들은 밝기와 깊이를 달리함으로써 무한하게 다양한 효과를 낼 수 있다. 색채는 우리에게 시각 인상을 줄 뿐 아니라 촉각 인상도 경험하게 한다. 우리는 색채로부터 거칠거나 부드럽고 차갑거나 따뜻하고 무겁거나 가벼운 느낌을 받는다. 한 걸음 더 나아가 색채들은 우리를 기쁘게 하거나 슬프게 하고, 명랑하게 하거나 우울하게 하고, 들뜨게 하거나 가라앉게 하고, 한가롭게 하거나 초조하게 한다. 같은 모양이라도 색채에 따라 커지기도 하고 작아지기도 하며 앞으로 나오기도 하고 뒤로 물러나기도 한다. 빨강/초록, 파랑/주황, 노랑/보라와 같은 반대 색채의 대조 효과는 색채의 상호 작용을 특별히 잘 보여 준다. 하나의 색채는 가까이 있는 색채는 물론이고 멀리 있는 색채까지 자기에게로 이끌어 들이면서 색채의 상호 작용을 통하여 그림 공간의 포화 상태를 추구한다. 아무리 빈 공간이 많이 남아 있는 그림이라고 하더라도 그것이 잘된 그림이기만 하다면, 우리는 그 그림을 더 받아들일 것이 아무것도 없는 꽉 찬 공간으로 경험하게 된다.

그림 안에 나타나는 형태들은 개별적 자율성을 지니고 있지만, 그 형태들의 테두리를 형성하는 선은 움직이면서 형태와 형태를 겹치고 잇고 부딪치게 한다. 그림을 보는 사람의 눈길은 그러한 선이 움직이는 대로 따라가게 마련이다. 눈길을 움직이지 않으면서 사물들 사이의 거리와 간격을 파악할 수는 없다. 색채들의 상호 작용은 그림 안에 불연속적인 움직임을 만들어 낸다. 선과 색채의 움직임은 그림 안에 있는 모든 형태들에 잠재적인 움직임을 부여한다. 시각 단위들의 움직임은 리듬, 즉 질서와 혼돈의 상호 작용을 형성한다. "리듬은 독특한 규칙성을 지닌 음악의 박자와 같이 고저와 강약과 장단의 특징들을 반복할 수 있다. 그러나 그것은 또한 연속적으로 자유롭게 흐르는 불규칙적 운동일 수도 있다."[10] 단조로운 규칙은 리듬을 형성하지 못하고 오히려 시각 단위들의 조화를 방해하기 때문에 그림의 리듬은 어느 정도의 혼돈을 필요로 한다. 혼돈이 없으면 질서도 없고 불연속성이 없으면 연속성도 없다. 리듬은 긴장과 이완, 집중과 분산, 질서와 혼돈의 통일, 다시 말하면 대립의 통일이다. 리듬의 규칙성에 의하여 우리는 우리 눈의 신경 근육을 쉬게 할 수 있으며, 리듬의 불규칙성에 의하여 우리는 우리 눈의 신경 근육을 깨어 있게 할 수 있다. 규칙과 질서는 눈을 휴식하게 하고 모순과 혼돈은 눈을 활동하게 한다. 눈에는 활동과 휴식이 다 필요하다. 규칙적인 반복은 그림을 보는 사람에게 눈이 활동할 시간의 간격을 예측할 수 있게 한다. 우리는 모순과 조화, 혼돈과 질서, 활동과 휴식의 상호 작용을 매거하거나 통관할 수 없다. 그림에 전적으로 참여하는 행동은 항상 새롭게 쇄신

일반적 관계와 한국적 위상

되는 창조적 활동이기 때문이다. 그림은 단순한 것에서 출발하지 않고 복합적인 것에서 출발하므로 그림에는 방정식이 적용되지 않는다.(그림은 데카르트의 셋째 규칙에 대한 위반이다.)

예술이란 구체적인 사실들에 의하여 실현되는 하나하나의 가치에 주의를 돌리기 위하여, 그 사실들을 배열하고 정돈하는 선택 작용이다. 예를 들면, 노을 진 저녁 하늘을 잘 보려고 몸이나 눈의 위치를 일정하게 고정시키는 것도 하나의 간단한 예술적 선택 작용이다. 예술적 습관은 생생한 가치들을 즐기는 습관이다.[11]

미술은 일반적인 개괄(매거와 통관)을 천박하게 생각하고 현실의 균열을 매끄럽게 가리는 개념 체계에 반대한다.(미술은 데카르트의 넷째 규칙에 대한 위반이다.) 스페인 혁명의 불길이 타오르던 1937년 4월 28일에 프랑코를 지원하는 독일 공군이 바스크 지방의 게르니카 마을을 폭격하였다. 그 당시 스페인 공화국에 머무르고 있던 피카소는 전람회에 출품한 벽화를 급히 「게르니카」라는 작품으로 변경하였다. 이 그림 안에 등장하는 시각 단위들은 모두 극도로 왜곡되어 있다. 입과 입술은 찌그러져 있고 콧구멍은 이지러져 있다. 이것은 고통과 분노의 자연스러운 표현이다. 흘러내리는 눈물은 작렬하는 폭탄과 같다. 선들은 격정에 전율하며 그림 밖으로 달아나려고 하고, 형태들은 날카로운 사이렌 소리처럼 겹쳐지고 부딪친다. 시각 단위들의 촉감도 살아 있는 인간의 신체를 찢는 대검처럼 그림의 표면을 깨뜨린다. 그러나 이 그림의 격렬한 시각 단위들은 상호 의존하고 상호 침투하면서 하나의 동적 체계를 형성하고 있다. 「게르니카」를 보는 사람은 누구나 질서와 혼돈의 상호 작용, 즉 현실의 모순을 경험할 수 있다. 이 그림의 진정한 기초는 전쟁과 평화의 모순에 있다. 「게르니카」에는 학살하는 자들을 거절함으로써 학살이 없는 시대를 앞당기는 힘이 들어 있다.

3 질서와 문제

근대 문학의 중심 갈래는 시와 소설이지만 전근대 문학의 중심 갈래는 시와 수필이다. 문집의 내용은 주로 시, 서한, 기행, 일기 등으로 구성되어 있다. 신라의 향가, 고려의 한시에 이어 조선조에서는 수필이 문학의 중심 갈래가 되었다. 퇴계 이황(1501~1570)의 『자성록(自省錄)』과 연암 박지원(1737~1805)의 『열하일기(熱河日記)』를 읽어 본 사람은 누구나 그 책들이 세계 수준의 수필이라는 데 이의를 제기하지 않을 것이다. 퇴계와 연암은 이 책들에서 자연에 대하여 전혀 다르게 이야기하였다. 예술가는 자연을 과학자와 다르게 탐구할 뿐 아니라 예술가들도 자연을 서로 다르게 말한다. 퇴계와 연암의 수필들은 자연에 대한 예술가의 두 시각을 보여 준다.

『자성록』은 1555년에서 1560년까지 55세에서 60세 사이에 퇴계가 문인들에게 보낸 편지 스물두 통을 생전에 모아 엮은 책이다. 퇴계는 제자들에게 보낸 편지를 늘 곁에 두고 거듭 읽으면서 자신을 반성했다. 스물두 통의 편지 내용은 처음 공부하는 사람들이 조심해야 할

일반적 관계와 한국적 위상

것(1~3), 학문의 자세(4~12), 학문의 방법(13~19), 명성을 가까이 하지 말라는 경계(20~22) 등이다.

　　마음과 기운의 병은 이치를 살피는 데 투철하지 못하고 헛된 것을 천착하며 억지로 탐구하여 마음을 간직하는 데 방법이 어두워 싹을 뽑아 올려 자라는 것을 도와주려 하는 것으로 말미암아 깨닫지 못하는 사이에 마음을 피로하게 하고 힘을 소모하게 하여 여기에 이르는 것이니 이것은 초학자에게 공통된 병입니다. 비록 주자 같은 분이라 하더라도 처음에는 이러한 병이 없지 않았습니다. 만약 그것이 이와 같은 것을 이미 알고 돌이켜 고칠 수 있었다면 다시 근심이 되지 않았을 터인데 오직 일찍 알아서 빨리 고칠 수 없었기 때문에 끝내 병이 된 것입니다. 내 평생 병통의 근원도 모두 여기에 있었는데 이제 마음의 병은 전과 같지 않으나 다른 병이 이미 심해졌습니다. 노쇠한 때문입니다. 그대와 같은 사람은 젊고 기운이 성하니 진실로 그 처음에 빨리 고치고 조섭한다면 어찌 마침내 괴로움이 있겠으며 또 어찌 다른 증세가 간섭하겠습니까? 대저 그대는 전날 공부할 때 궁리하기를 심오하며 현묘한 데 나아가려고 하며 힘써 행할 때 자랑하고 급하게 하는 것을 면하지 못하여 억지로 탐구하고 자라는 것을 도와주게 되므로 병근이 이미 성해진 데다 마침 우환이 겹쳐 다스리기 어려워진 것이니 어찌 염려하지 않을 수 있겠습니까? 그 치료 방법은 그대가 스스로 알고 있을 것입니다. 첫째로 먼저 세간의 궁통영욕과 이해득실을 일체 도외시하여 마음에 누가 되지 않도록 해야 합니다. 이미 이 마음을 힘써 얻었다면 근심은 대개 이미 반 이상 그친 셈입니다. 이와 같이 하되 무릇 일상생활에서 말하는 것을 적게 하고 좋아하는 것을 절제하며 그림, 글씨, 꽃, 화초의 완상이나 산수, 어조의 즐거움 같은 데 이르러서도 진실로 가히 뜻에 맞고 마음에 드는 것이면 항상 접하는 것을 꺼리지 않아서 마음과 기운으로 하여금 늘 화순한 상태에 있게 하고 어긋나고 혼란스럽고 성내는 일이 없게 하는 것이 중요합니다. 글을 보되 마음을 피로하게 하는 데 이르지 않아야 하고 많이 보는 것을 절대로 피해야 하며 다만 뜻에 따라 그 맛을 즐겨야 합니다. 이치를 살피는 것은 모름지기 일상의 평이하고 명백한 곳에 나아가 참뜻을 간파하고 익숙하게 체득해야 합니다. 그 이미 아는 바에 침잠하여 여유 있게 노닐되 오직 방심하지도 않고 집착하지도 않는 사이에서 밝게 간직하고 잊지 않는 공부를 오래도록 쌓다 보면 자연히 녹아서 얻음이 있게 될 것입니다. 더욱이 집착하고 구속하며 빠른 보람을 보려고 해서는 안 됩니다.[12]

이것은 퇴계가 남언경(南彦經, 1528~1594)에게 준 충고이다. 남언경은 임진왜란 후에 여주 목사와 공조 참의를 지내고 양명학을 연구한다는 이유로 탄핵을 받아 삭직된 사람이다. 기대승(奇大升, 1527~1572)의 비판에 답한 두 번째 편지의 후론에는 진리에 대한 퇴계의 철저한 확신이 잘 나타나 있다. 이 두 편지글에서 우리는 퇴계의 수필에 내재하는 자연 이해를 짐작할 수 있다.

나의 보잘것없는 독서법에서는 무릇 성현의 의리를 말씀하신 곳이 드러나 보이면 그 드러남에 따라 구할 뿐, 감히 그것을 경솔하게 숨겨진 곳에서 찾지 않습니다. 그 말씀이 숨겨졌으면 그 숨겨진 것을 따라 궁구할 뿐, 감히 그것을 경솔하게 드러난 곳에서 추측하지 않습니다. 얕으면 그 얕음에 말미암을 뿐, 감히 깊이 파고들지 않으며 깊으면 그 깊은 곳으로 나아갈 뿐, 감히 얕은 곳에서 머무르지 않습니다. 나누어 말씀한 곳에서는 나누어 보되 그 가운데 합쳐 말씀한 것을 해치지 않으며, 합쳐 말씀한 곳에서는 합쳐 보되 그 가운데 나누어 말씀한 것을 해치지 않습니다. 사사로운 나 개인의 뜻에 따라 좌우로 끌거나 당기지 않으며, 나누어 놓으신 것을 합친다거나 합쳐 놓으신 것을 나누지 않습니다. 오래오래 이와 같이 하면 자연히 성현의 말씀에 문란하게 할 수 없는 일정한 규율이 있음을 점차로 깨닫게 되고 성현의 말씀의 횡설수설한 듯한 속에도 서로 충돌되지 않는 지당함이 있음을 점차로 알게 됩니다. 간혹 일정한 것으로 자기의 설을 삼을 때는 또한 의리의 본래 정하여진 본분에 어긋나지 않을 것을 바랍니다. 만일 잘못 보고 잘못 말한 곳이 있을 경우라면 남의 지적에 따라, 혹은 자신의 각성에 따라 곧 개정하면 또한 스스로 흡족하게 느껴집니다. 어찌 한 가지 소견이 있다 하여 변함없이 자기 의견만을 고집하면서 타인의 한마디 비판을 용납하지 않을 수 있겠습니까? 어찌 성현의 말씀이 자기의 의견과 같으면 취하고, 자기의 의견과 다르면 억지로 같게 하거나 혹은 배척하여 틀렸다고 말할 수 있겠습니까? 진실로 이와 같이 한다고 하면, 비록 당시에는 온 천하의 사람들이 나와 더불어 시비를 겨루지 못한다 하더라도 억만 년 뒤에 성현이 나와서 나의 티와 흠을 지적하고 나의 숨은 병폐를 지적하여 깨뜨리지 않으리라는 것을 어찌 알겠습니까? 이것이 바로 군자가 애써 뜻을 겸손하게 하고 남의 말을 살피며, 정의에 복종하고 선을 따라서 감히 한때 한 사람을 이기기 위하여 꾀를 쓰지 않는 까닭입니다.[13]

퇴계는 세계를 물질적 에너지와 정신적 원리의 중층 구조로 보았고 마음을 이성과 감정의 이원 구조로 보았다. 이 두 심급은 겹쳐져 있어서 에너지로 보면 세계 전체가 에너지이고 원리로 보면 세계 전체가 원리이며 이성으로 보면 마음 전체가 이성이고 감정으로 보면 마음 전체가 감정이다. 일부분은 이성이고 일부분은 감정이라고 마음을 나눌 수 없다는 것이 퇴계의 생각이었다. 16세기 사람들은 마음도 것(情)과 얼(性)로 되어 있고 세계도 것(氣)과 얼(理)로 되어 있다고 생각했다. 그러나 두 심급이 완전히 하나로 동일한 것은 아니기 때문에 물질적 에너지가 정신적 원리를 벗어나는 경우도 생기고 이성이 감정을 조절할 수 없는 경우도 생긴다. 부끄러워하지 않아야 할 때 부끄러워하고 미워하지 않아야 할 때 미워하는 일이 생기거나 분노해야 할 때 분노하지 못하고 두려워해야 할 때 두려워하지 않는 일이 생기는 것이다. 분노해야 할 때 분노하는 것은 이성에 맞는 감정이고 분노해야 할 때 분노하지 않는 것은 이성에 어긋나는 감정이다. 우리는 에너지를 질료, 원리를 형상이라고 번역할 수도 있고 에너지를 실존, 원리를 본질이라고 번역할 수도 있다. 퇴계는 이성을 훈련하여 감정의 일탈을 막을 수 있는 사람이 되고 다른 사람들도 그렇게 할 수 있도록 가르치는 데 철학의 목적이 있다고 생각하였다. 퇴계에게 철학의 목적은 자기 교육에 있었다. 그에게는 부모에게 효도하고 임금에게 충성하는 것이 모두 자기 교육의 과정이었고 따라서 다른 사람을 가르치는 것도 자기 교육의 일부가 되었다. 그러므로 그는 비록 겹쳐져 있어서 나눌 수 없다 하더라도 이성을 감정보다 중요하게 보고 원리를 에너지보다 중요하게 보았다. 삼각형에서 피타고라스의 정리가 나오므로 삼각형이 더 중요하다는 것이 화담 서경덕의 주장이라면 생성하고 소멸하는 삼각형들보다 불변하는 피타고라스의 정리가 더 중요하다는 것이 퇴계의 주장이라고 할 수 있다. 물론 그들이 말하는 원리와 에너지는 사실을 해명하는 수학적 개념이 아니라 당위를 해명하는 윤리적 개념이었다. 인간의 발달 단계는 감각적 능력이 먼저 나오고 지성적 능력이 그 뒤를 따를 것이나 본성적 기원의 순서로 볼 때는 감각들이 지성을 위하여 존재한다. 더 완전한 능력을 그것보다 불완전한 능력의 목적, 원천, 이유, 원리로 규정하는 것이 퇴계의 논리이다. 그에게는 이성이 감정의 존재 원리이고 활동 원리이다. 퇴계는 정신과 자연, 개인과 사회, 주관과 객관, 이론과 실천의 균형을 당연한 사실로서 전제하고 자연이 인과적이고 기계적으로 운동하는 것이 아니라 내재적인 목적에 따라 유기적으로 작용하는 것이라고 파악하였다. 그러므로 그가 말하는 원리는 뉴턴이 말하는 법칙과 무관한 윤리적 개념이다. 원리의 존재를 확신하고 있었기 때문에 퇴계는 정치적 혼란에 직면해서도 마음의 평화를 지킬 수 있었다.

16세기의 우리 문화는 원리와 기운의 역동적 조화를 토대로 하여 열린 체계를 형성하고 있었다. 누구나 형상과 질료, 본질과 실존, 이성과 감정의 균형이 조화로운 의미의 성좌를 형성하고 있다고 믿었다. 그들은 양반, 평민, 노비로 구성된 신분 질서조차도 자연적 질서의 일부분이라고 생각하였다. 의미의 성좌가 인간과 인간의 행위를 조명해 주고 있던 시대에 문제가 되는 것은 각 개인이 그 의미의 세계에서 자기에게 주어져 있는 공간을 찾아내는 일이었다. 여기서 과오라고 하는 것은 원리의 표준 규범에 비추어 좀 지나치다든가 아니면 좀 모자라다든가 하는 문제에 지나지 않거나 절도와 통찰의 부족에 지나지 않았다. 지식은 베일을 벗기는 일에 지나지 않았고 본질을 그대로 기술하는 데 지나지 않았다. 16세기의 문화도 때때로 위협적이고 이해할 수 없는 기운의 힘을 감지하였다. 그러나 기운은 언제 어디에나 존재하는 원리를 추방하거나 혼란에 빠뜨리지 못하였다. 악의 근원이 되는 기운이 원리를 이탈하여 세계에 검은 그림자를 드리우는 경우가 있다 하더라도 이러한 그림자는 원리의 빛을 뚜렷하게 강조하는 우연의 계기에 지나지 않았다. 원리의 세계와 기운의 세계가 있는 것이 아니라 16세기에는 오직 원리의 세계가 있을 뿐이었다. 기운은 원리의 세계 안에서 편안하게 숨 쉬고 있었으며, 극히 드문 순간에만 원리의 빛을 휘황하게 밝혀 주는 부정의 계기로써 작용하였다. 원리의 표준에 못 미치거나 그 표준을 지나치는, 즉 과도하거나 부족한 기운이 있더라도 그러한 기운의 존재는 유한성의 단적인 부정으로서 원리의 무한성을 긍정하게 될 뿐이었다.

그러므로 퇴계에게 가장 중요한 것은 과도하거나 부족하게 되지 않도록 감정을 조절하는 훈련이 된다. 그는 그 훈련을 경(敬)이라는 한 글자로 표현하였다. 서양 사람들은 불교의 염(念)과 유교의 경(敬)을 다 같이 mindfulness(마음 챙김)라고 번역한다. 고원하고 심오한 진리를 구하지 말고 일상생활 속에서 방심하지 않고 집착하지 않는 마음 상태를 간직하라는 것이다. 한가롭고 여유롭지만 풀어지거나 흐트러지지 않는 상태를 말한다고 할 수 있다. 퇴계에게 자연은 바로 원리와 에너지, 이성과 감정이 알맞게 어울려 있는 상태로서 '자연스럽다'는 형용사가 나타내는 이상적인 세계 또는 이상적인 마음을 가리킨다. 그것이 이상적이라고 하는 것은 지나치거나 모자란 경우를 예외 상태로 보고 정상적인 자연이 아니라고 하기 때문이다.

> 맑고 고요하게 흐르는 것이 물의 본성입니다. 그것이 흙탕을 지나다 흐려진다거나 험준한 곳을 만나 파도가 거세지는 것은 물의 본성이 아닙니다. 그것도 물이라 하지 않을 수는 없지만 특별히 만난 환경이 달라서 그렇게 된 것일 뿐입니다.[14]

퇴계에게 자연의 질서를 체득하는 방법은 사서오경과 그것에 대한 주희의 주석을 읽는 것이다. 원리를 터득하는 방법은 독서라는 것이다. 교과서를 완전히 장악한 학생이 좋은 성적을 받듯이 주희가 해석한 사서를 철저하게 이해하면 악을 피하고 선을 실행할 수 있다는 것이 퇴계의 믿음이었다. 억지로 서둘러 이해하려는 것은 사사로운 욕심이고 오직 일상생활 속에서 그 의미가 환하게 열릴 때까지 오래 궁리해야 한다고 하며 퇴계는 일상생활에 막힘없이 실행할 수 있을 정도로 사서오경의 내용을 완전히 자득하는 것을 활연관통(豁然貫通)이라고 하였다. 마음에 부끄러운 점이 없다면 마음이 편안해지고 저절로 속이지 않게 된다. 속이는 것이 마음을 불편하게 할 것이기 때문이다. 성인의 책을 통하여 배워야 할 것은 말과 생각과 행동의 원천이 되는 마음자리를 지키고 가다듬는 것이다. 그러나 궁리(窮理)와 거경(居敬)이 서로 통하여 작용하던 퇴계의 시대는 대답만을 알았을 뿐 물음을 알지 못했고 해답만을 알았을 뿐 수수께끼는 알지 못했으며 형식만을 알았을 뿐 혼돈을 알지 못했다. 기운을 기운으로 규정하는, 다시 말해서 사물을 바로 그 사물로 규정하는 원리의 빛이 너무나 분명하고 명백하였기 때문에 인간과 세계, 자연과 사회는 글자 그대로 자연스러운 질서를 형성하고 있었다. 이 시대에 자연은 우연(偶然)을 지배하는 본연(本然)이고 우유(偶有)를 통제하는 본유(本有)였다.

이러한 이상주의는 임진왜란(1592. 4. 13～1598. 11. 19)과 병자호란(1636. 12. 9～1637. 1. 20)을 겪고 나서 철저하게 파괴되었다. 경제는 회복이 불가능할 정도로 무너졌고 침략자 앞에서 무능하고 비겁했던 왕과 양반의 권위는 완전히 실추되었다. 17세기를 대표하는 철학자 우암 송시열(1607～1689)은 이상주의 대신에 비극적 주의주의(tragic volitionism)를 구상하였다. 원리를 절대 표준으로 고정해 놓고 작용과 운동을 모두 물질적 에너지 또는 감각적 능력에 귀속시킴으로써 우암은 세상을 지배하는 악의 보편성을 설명할 수 있었으며 악이 아무리 강하더라도 절대 표준을 따라야 한다는 원리의 불변성을 주장할 수 있었다. 1678년에『주자대전차의』를 지어서 그는 원리의 절대성을 주자의 정설로 확정하였다. 절대적인 원리가 이미 명명백백하게 드러나 있으므로 인간에게 가장 중요한 것은 원리에 어긋나는 감정을 원리에 일치하는 감정으로 전환할 수 있는 의지이다. 반청을 선이며 진리라고 규정하려면 오직 생사를 걸고 반청(反淸)을 실천하는 의지 하나로 사람됨을 평가할 수밖에 없었다. 태조 주원장(재위 1368～1398)에서 사종 주유검(숭정제, 재위 1628～1644)까지 명조는 중국의 어느 왕조보다도 더 포악하게 사람을 많이 죽인 왕조였다. 숭정제가 원숭환을 죽인 것이 명의 군사력을 붕괴시킨 첫째 요인이었고 명조를 멸망시킨 것은 만주가 아니라 이자성의 농민군이었다는 사실을 우암은 외면하였다. 조선 왕 광해군은 쫓아내도 되고 명나라 숭정제는 쫓아내면 안 된다는 논리도 설득력이 약하다고 할 수 있다. 그러나 송조-명조-조선조로 이어지는 문명(civilization)과 일본-만주로 대표되는 야만(animalization)을 선과 악으로 대조하는 우암의 반청 철학은 17세기의 경제 파탄과 국력 붕괴 속에서 한국인들이 주체성을 지켜 낼 수 있게 하는 동력으로 작용하였다.(우리는 실국 시대의 민족주의에서도 비극적 주의주의를 발견할 수 있을 것이다.)

18세기의 조선 사회는 소수의 양반들이 정권을 독점하고 있었고 이들의 가계에 속해 있지 않은 많은 양반들이 특권에서 배제되었다. 경작지를 확대할 수 있었던 소수의 농민은 부를 축적하였으나 가난한 소작인들은 경작지를 상실하였고 토지 없는 유랑민이 증가하였다. 도시에서는 도매상인들이 무역으로 돈을 모은 반면에 영세 소상인들은 몰락하였고 물가가 등귀하였다. 새로운 상황에 처하여 지식인들은 주자의 철학만으로는 해결할 수 없는 현실 문제를 더 이상 외면할 수 없게 되었다. 물론 이때에도 학문의 주류는 어디까지나 성리학이었으나 정치 과정에서 배제된 경기 지역의 남인들을 중심으로 주류 주자학에 대한 비판 이론이 형성되었다. 그들은 학문의 관심을 형이상학으로부터 정치학, 경제학, 역사학, 지리학, 농학으로 돌렸다. 동아시아의 고전에 대하여 연구하더라도 그들은 고전의 철학적 의미보다 고전에 내포된 사실을 확인하고 검증하는 데 더 공을 들였다. 유형원, 이익, 정약용처럼 토지 제도, 행정 체계, 군사 조직 등의 개혁을 중시하는 남인 중농주의 학파와 박지원, 홍대용, 박제가처럼 상업, 무역업, 수공업 등의 확대를 용인하는 노론 중상주의 학파가 어느 정도 분화되었다.

연암 박지원은 1754년(영조 30)에서 1766년(영조 42) 사이에 「양반전」, 「예덕선생전」, 「우상전」, 「민옹전」, 「광문전」, 「마장전(말거간전)」 등을 포함하는 『방경각(放璚閣) 외전』을 지었고, 1780년(정조 4)에서 1783년(정조 7) 사이에 「허생전」, 「호질(범의 꾸중)」 등을 포함하는 『열하일기』를 지었다.

강원도 정선에 어질고 글 읽기를 즐기는 양반이 있었는데 집이 가난해서 관가에서 꾸어 주는 곡식을 타서 먹고살았다. 해가 거듭하여 빌린 곡식이 천 섬이 되자 군수가 더 참지 못하고 양반을 잡아 가두라고 명령하였다. 같은 마을에 사는 부자가 관청의 환자 빚을 갚아 주고 양반을 샀다. 군수가 이 일을 들고 증서 수여식을 거행해야 한다고 하고 군내의 백성을 모은 가운데 서리를 시켜 계약서를 작성하게 하였다. 그 계약서에는 부자의 행실이 양반의 준칙에 어긋나면 양반이 관가에 가서 양반을 도로 찾을 수 있도록 기록되어 있었다. "손에 돈을 만지지 말며 쌀값을 묻지 말며 더워도 버선을 벗지 말고 상투 바람으로 밥을 먹지 말며 밥 먹을 때 국부터 마시지 말고 들이킬 때 소리를 내지 말고……." 등의 준칙이 불리한 계약이라고 생각한 부자가 증서의 수정을 요구하였다. 이차 문서에서 군수는 양반 됨의 이로움을 강조하였다. "이웃의 소로 제 밭을 먼저 갈며 마을 사람에게 제 밭을 먼저 김매게 하여도 감히 거역하지 못하니 거역하면 잡아다 코에 잿물을 붓고 주리를 틀고 수염을 뽑을 수 있기 때문이다." 부자는 "도둑이 되란 말입니까?" 하고 달아나 평생토록 양반이라는 소리를 입 밖에 내지 않았다. 양반의 아내는 "양반이란 한 푼어치도 못 되는구료."라고 남편을 힐난한다. 허학밖에 모르는 보수파 지식인에 대한 부정이 「양반전」의 주제라면 돈만으로는 양반이 될 수 없는 신분 사회에 대한 긍정도 「양반전」의 주제이다. 연암은 실학을 주장하기 위하여 허학에 반대한 것이었을 뿐, 양반의 가치를 부인한 것은 아니었다.

범이 질타하는 북곽 선생은 18세기 허학자의 전형이다. 나이 40에 1만 5000권의 책을 지은 그는 모든 사람에게 큰 학자로 존경을 받았다. 임금이 그를 갸륵하게 여기고 대신들이 그를 그리워하였다. 그는 수절을 잘한다고 나라에서 정문을 세워 준 과부 동리자와 놀아나다 동리자의 다섯 아들에게 들켰다. 여우가 변장한 것이라고 여긴 아들들이 그를 잡으려 하니 북곽 선생은 귀신 웃음과 귀신 춤으로 달아나다가 채마밭 머리에 파 놓은 똥구덩이에 빠졌다. 간신히 헤어 나왔으나 앞에는 굶주린 범이 길을 막고 있었다. 범이 사람을 잡아먹으면 범에게 먹힌 사람은 창귀가 되어 범의 앞잡이 노릇을 하며 제가 아는 사람의 이름을 불러 대었다. 범은 창귀들을 모아 먹을 것을 의논하였는데, 그들이 의원과 무당을 추천하자 범은 의원은 스스로 의심스러운 약을 환자에게 먹이어 죽게 하는 자이고 무당은 사기로 사람을 속이어 죽게 하는 자이므로 죽은 사람들의 원한이 독기가 되어 몸 안에 가득 차 있어 먹을 수 없다고 대답하였다. 창귀들이 다시 선비를 추천하며 오미를 갖추었다고 하였다. 선비의 맛을 보고자 범은 북곽 선생을 택하였다. 북곽 선생은 범에게 세 번 절하고 꿇어 엎드려 범을 우러러보면서 온갖 아첨과 아부의 말을 늘어놓았다. "대인은 걸음걸이를 본받고 임금은 위엄을 배우며 남의 자식된 이는 효성을 따르고 장수는 위엄을 취하니 거룩한 이름은 신령스러운 용과 짝하여 한 분은 바람을 일으키고 한 분은 구름을 일으키십니다. 저 같은 낮은 땅의 천한 신하는 바람에 나부끼는 풀잎처럼 덕을 입을 뿐입니다." 범은 "유생이란 아유(阿諛)하는 자로구나." 하고 탄식하며 인간의 허위와 잔학성을 열거하였다. 인륜과 도덕을 내세우고 본성과 이치를 논하지만 벌의 꿀, 누에의 옷, 황충이의 밥을 도둑질하고 전쟁을 일으켜 서로 잡아먹는 인간의 죄를 꾸짖었다. 범은 똥 묻은 북곽 선생이 너무 더러워서 먹지 않고 가 버렸다. 새벽에 일하러 나가던 농부가 들에서 기도하는 그를 발견하고 이유를 물으니 북곽 선생은 태연히 대답하였다. "하늘이 높다 하되 발끝으로 서지 말고 땅이 두텁다 하되 많이 밟지 말라고 했느니라."

연암은 농민의 경제적 안정을 현실 문제의 핵심으로 인식하였다. 그는 농민에게 유익하고 국가에 유용하다면 그 법이 오랑캐에게서 나왔다 하더라도 주저 없이 배워야 한다고 하였다. 그는 하늘과 땅을 커다란 그릇으로 보고 그 안에 기운이 가득 차 있다고 하였다. 이 미세한 기운이 엉기어 흙도 되고 모래도 되고 돌도 되고 물도 되고 불도 된다. 그것이 응결되어 쇠가 되고 변성하여 나무가 되고 움직여 바람이 되고 집중하여 벌레가 된다. 인간은 그러한 벌레의 일종이다. 연암은 세상의 모든 사물에 질이 있는데 이 질은 사물이 소멸해도 영원히 존재한다고 하였다. 쇠가 삭아도 쇠의 질은 항존하며 물이 말라도 물의 질은 항존한다. 그는 기운의 운동으로 말미암아 사물들은 작은 것으로부터 큰 것으로 변화하고 희미한 것으로부터 분명한 것으로 발전

일반적 관계와 한국적 위상

한다고 생각하였다. 모든 일은 시초에는 아주 작고 미미하나 점차 크고 분명하게 된다. 모든 사물은 형성되면 쇠약해지고 쇠약해지면 낡은 것이 되며, 낡은 것이 되면 변해야 하고 변하지 못하면 망한다.

연암이 볼 때에 18세기 조선에서 반드시 변해야 할 것은 농사 기술과 농업 교육이었다. 국가에서 모범 밭을 서울 동서 교외에 설치하고 농사에 정통한 사람을 지도원으로 삼아 농가 청년 수백 명을 선발하여 경작하게 하되, 옛 방식 하나하나에 대하여 활용할 만한가, 편리한가를 따져서 새로운 영농 기술을 개발하고 그 청년들을 각 읍과 각 면에 보내어 농사 기술을 보급하자는 것이 연암의 시험전제(試驗田制)이다. 그는 1799년(정조 23)에 『과농소초(課農小抄, 농사일의 길잡이)』를 썼다. 그 목차는 다음과 같다.

(1) 때

(2) 날씨

(3) 흙

(4) 연모

(5) 밭갈이

(6) 거름

(7) 물

(8) 씨앗

(9) 심기

(10) 김매기

(11) 거두기

(12) 소

(13) 소유 제한

　연암이 실학이라고 한 것은 농사에 대한 지식이었다. 그에게는 농사를 지을 줄 아는 지식인이 바로 실학자였다. "송나라 사람 안정이 학교 규칙에 농전과 수리 과목을 설치한 것은 다름 아니라 실학을 소중하게 여긴 것이다.(安定學規乃設農田水利之科, 無他貴實學也.)"[15]라고 믿은 연암은 정조에게 "지금 부화하고 배우지 못한 선비들에게 게으르고 무식한 백성들을 인도하게 하는 것은 술 취한 사람에게 눈먼 사람을 도와주게 하는 것과 무엇이 다르겠습니까?"라고 질문하며 실용에 무지한 지식인들의 실상을 지적하였다. "사람들은 돈이 있어야 굶주리지 않는다는 것만 알고, 돈만 가지고서는 아무것도 하지 못한다는 것을 알지 못한다.(人知有貨之可以不饑, 而不知徒貨之不足恃也.)"(337쪽)라는 한탄 속에 당시의 세태에 대한 박지원의 비판이 포함되어 있다. 씨 뿌리고 밭 가는 시기를 잃지 않으려면 무엇보다 먼저 까다로운 정치와 무리한 사역이 없어져야 한다.(338쪽) 요즈음 말로 하면 꼭 필요하지 않은 규제는 철폐되어야 하는 것이다. 일찍 심는 자는 시한을 앞질러서 심고, 늦게 심는 자는 시한에 미치지 못하여 춥고 더운 때를 맞추지 못하기 때문에 곡식에 쭉정이가 많다. 밭두둑을 만들 때 너무 높게 하면 윤기가 빠져 버리고 한쪽으로 기울게 하면 줄기가 미끄러져 내린다. 바람이 불면 줄기가 쓰러지고 흙을 높이 올리면 뿌리가 드러난다.(338쪽) 솎아 주지 않으면 쑥밭이 되고 너무 솎아 주면 성기어진다. 밭두둑은 넓게 만들고 골은 작게 만들되 깊게 해서 땅속

의 습기를 얻고 땅위의 햇빛을 받아야 곡식이 고르게 자란다.(338쪽)
연암은 네 철을 정확하게 구분하여 알맞은 때에 오곡을 심을 뿐이라
는 황제의 말을 인용하였다.(338쪽) "사람들은 잡초가 곡식의 싹을 침
해하는 줄만 알고 싹들끼리 서로 침탈하는 것은 알지 못한다.(知草之
能竊苗, 而不知苗之相竊也.)"(339쪽) 그러므로 밭은 깊이 갈고 고루 갈
아야 하며 한꺼번에 많이 갈려고 하지 않아야 한다.(363쪽) 봄갈이는
얕게 하고 가을갈이는 깊게 하며 초경은 깊게 하고 재경부터는 얕게
한다. "호미와 가래가 들어가지 않는 곳에는 곡식 한 포기도 서지 못
하고, 답답한 기운이 생기는 곳에는 온갖 해충이 모여든다."(341쪽)
호미와 가래가 들어가지 않는다는 것은 두루 골고루 갈지 않는 것을
말하고 답답한 기운이 생긴다는 것은 물을 돌려서 더운 기운을 거두
어 빼 버린 뒤에 새 물로 바꾸어 놓고 곡식을 심지 않는 것을 말한다.
농사짓는 데 때를 잃지 않으면 먹는 것이 궁색하지 않을 것이나 때를
알아서 남보다 먼저 하지 않으면 1년 내내 바쁘기만 하다. 때를 아는
것이 첫째요, 땅을 아는 것이 그다음이다. 마땅한 것을 알고 버리지
않을 것을 쓰고, 해서는 안 될 것을 피하면 사람의 힘이 하늘을 이길
것이다. 힘에 적합한 것이 무엇인가를 알지 못하면 아무리 수고해도
공이 없을 것이다.(340쪽)

거친 땅을 개간할 때에 써레와 쇠스랑으로 두 번 흙을 고르고 기
장, 조, 피 따위를 뿌린 후에 흙을 덮고 흙덩어리 부수는 일을 두 번
하면 이듬해에 벼를 심을 수 있다. 높은 밭이거나 낮은 밭이거나 봄가
을로 갈 때에 건조한 것과 습한 것을 분별해야 한다. 봄갈이에는 즉시
흙덩이를 부수고 두둑을 고르나 가을갈이에는 흙이 마르기를 기다려

서 흙덩이를 부수고 두둑을 고른다.(363쪽) 추수 후에 소의 힘이 부족하여 즉시 가을갈이를 하지 못할 때, 메기장, 검은 기장, 수수, 차조 등을 거둔 자리에 인분(人糞)을 퍼부어 두면 흙이 굳지 않는다. 초겨울에 흙덩이를 부수고 두둑을 뭉개어 주며 소로 경운(耕耘)하면 가뭄 걱정이 없어질 것이다.(364쪽) 연암은 "거름을 금처럼 아끼라.(惜糞如金.)"라고 하면서 "농가 곁에는 거름을 저장하는 집을 짓되 처마를 낮게 하여 비바람을 피하게 해야 한다."(368쪽)라고 권고하였다. 그러나 생분(生糞)은 주지 말라고 하였다. "만일 갑자기 생분을 주거나 거름을 너무 많이 주면 거름의 힘이 너무 치열해져서(糞力峻熱) 곡식이 타죽는다."(368쪽) 제초는 다만 풀을 뽑는 데 그치는 일이 아니라 "흙이 익어 곡식을 많이 내게 하는(地熟而穀多)" 일이기도 하다.(390쪽) 싹이 두둑에 나오면 호미로 두어 번 깊이 김매고 풀을 뽑아 준다. 풀이 없다고 그만두지 말고 여러 번 제초해야 한다. 연암은 농사일에 유용하게 쓰이는 각종 연장과 연모에 대해서도 자세히 논술하였다. 논에 물을 대는 용골차(龍骨車)와 용미차(龍尾車)와 유수통(流水筒)의 얼개를 설명하고 용골차에 속하는 수전번차(水轉翻車), 우전(牛轉)번차, 인답(人踏)번차 등과 유수통에 속하는 여마통차(驪馬筒車), 고륜(高輪)통차 등의 사용법을 설명하였다. 정조에게 조선의 농기구와 곡물 창고가 낙후되어 있는 실정을 보고하고 당시에 오랑캐라고 멀리하던 청나라의 기구 제작 기술과 창고 건축 기술을 도입하자고 청하기도 하였다.

연암은 기계와 기술의 보편성을 인식하고 있었다. 보편적 기술은 어느 지방에만 사용되는 것이 아니라 누구나 배우고 익힐 수 있는 것이다. 수리 시설의 설계를 설명한 부분은 건축과 도시 계획에 대한 연암의 도저한 이해를 보여 준다. 그는 수레와 벽돌의 제조 방법을 청나라에게 배우자고 주장하였으나 청나라 기술을 일방적으로 도입하자고 주장하지는 아니하였다. 연암은 18세기 조선의 기술 체계와 기술 수준을 명확하게 파악하고 그러한 체계와 수준을 개선하고 향상시키는 방향으로 청나라의 농업 기술을 이용하려고 하였다. 현대의 기업가가 이윤율과 이자율을 척도로 삼아 투자의 우선순위를 결정하는데 반하여 연암은 농민의 경제적 안정이라는 복지 후생의 효율을 기준으로 삼아 정책의 우선순위를 결정하려고 하였다. 어느 경우에나 사회의 기술 생산 체계를 먼저 파악하지 못하면 투자와 정책의 방향을 결정할 수 없다. 연암은 고을 단위로 농민 1인당 평균 농지와 실제로 농민이 소유하고 있는 1인당 농지를 비교하여 18세기 조선의 토지 독점도를 계산하였다.(397쪽) 『과농소초』에 소개되어 있는 농기구들을 통해서 우리는 연암의 시대가 가래, 쟁기, 호미의 시대와 경운기, 이앙기, 트랙터, 콤바인의 시대 사이에 있었다는 사실을 이해하게 된다. 일용할 양식만 있으면 되었던 시대에서 일용할 양식과 일용할 기계가 있어야 사는 시대로 이행하는 중간 단계에 처하여 기계의 유용성은 인식하고 있었으나 기술 생산 체계 속에서 기계가 고유의 자리를 차지하지 못했던 것이 18세기 조선 사회의 실정이었다. 연암은 사회 현실을 기술 생산 체계로 파악하고 등록된 소유 토지(民名田)를 제한하는 방안을 내놓았다. 정조에게 바친 「한민명전의(限民名田議)」는 "오래전부터 선비의 한은 부호의 겸병에 있었습니다.(千古之士之恨, 未嘗不先在於豪富兼併也.)"(397쪽)라는 단언으로 시작된다. 연암은 전토와 호구를 계산하여 배분량을 산출하고 균등한 분배(균전)나 평등한 분배(정전)보다 소유 상한의 제한(한전)이 현실적인 이유를 해명하였다. 토지 소유의 상한을 제한하는 것은 "소순(蘇洵)의 이른바 조정에 조용히 앉아서 법령을 내리되 백성을 놀라게 하지도 않고 대중을 동요시키지도 않는 방법(此蘇老泉所謂, 端坐於朝廷, 下令於天下, 不驚民不動衆.)"(388쪽)이라고 할 수 있기 때문이다.

연암은 최대한 관대하고 유연한 법령을 만들되 시행은 타협 없이 준열하게 집행해야 한다고 진술하였다. "귀척의 못된 관례가 어느 시대인들 없었겠습니까? 임금은 나라의 주인입니다. 근본적으로 궁구해 볼 때 국토는 누구의 소유이며 국토를 전유(專有)할 수 있는 사람은 누구입니까?(貴戚近習何代無之哉? 夫帝王者率土之主也. 究其本, 則孰所有而孰能專之?)"(398쪽) 광무-융희 연간(1897~1910)에 이르기까지 한전(限田)의 법령이 제정되지 못하고 비타협적으로 집행되지 못한 데에 국치의 원인이 있을 것이다.

연암은 원리로 쉽게 환원할 수 없는 사실의 완강함과 준열함을 투철하게 인식하고 있었다. 그는 『주역』을 읽고 그것으로 현실을 해석하는 사람을 비웃었다. 그는 『주역』이 유학의 기본 교과서라는 데 반대하지 않았다. 다만 현실의 계기는 무한하고 개념의 체계는 유한하므로 현실의 세부를 통해서 하나하나 검증하지 않은 지식은 현실인식에 도움이 되지 않는다고 생각했기 때문에 기존의 지식에 근거하여 사물을 해석하는 것보다 사물에 근거하여 지식을 구성하는 것이 더 중요하다고 주장하였다. 『주역』을 읽는 사람은 괘와 효의 구조를 배우는 데 그칠 것이 아니라 현실의 부분과 전체를 속속들이 경험하고 해석하면서 현실의 동적 체계를 파악하고 그것을 기호로 번역해 내며 복희가 겪었던 고심을 스스로 겪어 내지 않으면 생각 따로 행동 따로 가는 허학(Halbwissen)을 면하지 못한다는 것이 연암의 일관된 지식 이론이었다. 그는 친구 이한진(李漢鎭, 1732~1815)에게 보낸 편지에서 책을 읽기 전에 먼저 자연을 읽어야 한다고 주장하였다.

알뜰하고 부지런하게 글을 읽기로 복희와 대등한 사람이 누구일까요? 그 얼과 뜻이 누리에 펼쳐져 있고 만물에 흩어져 있으니 우주 만물이 글자로 적지 않은 글이 되는 것입니다. 후세에 열심히 글을 읽는다고 하는 자들이 거친 마음과 옅은 지식으로 마른 먹과 낡은 종이 사이에 흐린 시력을 소모하며 좀 오줌과 쥐똥을 찾아 모으는 것은 이른바 지게미를 먹고 취해 죽겠다고 하는 것과 같습니다. 어찌 슬픈 일이 아니겠습니까? 저 허공을 날며 우는 것은 얼마나 생생합니까? 새 조(鳥) 자 한 글자로 싱겁게 이 생생함을 없애 버리면 빛깔이 묻히고 모양과 소리가 누락됩니다. 새라는 글자가 촌 늙은이의 지팡이 끝에 새겨진 새와 무엇이 다르겠습니까? 어떤 사람은 새 조 자가 평범하여 싫다고 가볍고 맑은 글자로 바꾸려고 생각하여 새 금(禽) 자로 고칩니다. 이것이 바로 독서한 것만으로 작문하는 자들의 병폐입니다. 아침에 일어나 보니 푸른 나무가 그늘을 드리운 뜰에서 마침 새가 지저귀고 있기에 책상을 치며 "이것이 바로 날아가고 날아오는 글자요, 서로 부르며 화답하는 글월이로구나. 다섯 빛깔 무늬가 들어 있어야 문장이라고 하는 것이라면 이것보다 더 좋은 문장은 없을 것이다. 나는 오늘 책을 읽은 것이다."라고 외쳤습니다.[16]

사물보다 지식이 중요하고 현실보다 개념이 중요하다고 생각하는 사람(유한준, 1732~1811)에게 보낸 짧은 편지에서도 그는 관념에 대한 실재의 우위를 강조하였다.

마을 아이에게 『천자문』을 가르쳐 주다가 읽기 싫어함을 나무랐더니 하늘을 보면 푸른데 하늘 천(天) 자는 푸르지 않아서 싫다고 합니다. 이 아이의 총명함이 글자 만든 창힐을 주리게 할 만하군요.[17]

연암에 의하면 실재는 표상이 포괄할 수 없는 미지의 세계이므로 자연이 현시(現示)하는 그대로 경험하고 문제를 찾아 질문할 수 있는 사람만이 자연을 바르게 재현(再現)할 수 있다.

무릇 코끼리란 우리의 육안으로 볼 수 있는 동물인데도 그 이치를 모르는 것이 이와 같은 터에, 하물며 천하의 사물이란 코끼리보다도 만 배나 복잡함에랴. 그러므로 성인이 『주역』을 지을 때 코끼리 상(象) 자를 취해서 상왈(象曰)이라는 말로 괘의 형상이 지닌 의미를 풀어낸 것은 이 코끼리의 형상을 보고 만물의 변화하는 이치를 연구했기 때문이로구나.[18]

우리는 자연에서 이상적 질서를 찾아내려는 퇴계의 자연 이해와 자연에서 풀어야 할 문제를 찾아내려는 연암의 자연 이해를 각각 이상주의와 현실주의로 규정할 수 있을 것이다.

지금까지 나는 테오도르 아도르노의 수필론과 요하네스 이텐의 미술론을 통하여 과학의 자연 연구 방법과 구별되는 예술의 자연 발

일반적 관계와 한국적 위상

견 방법에 대하여 논의해 보았고 퇴계와 연암의 수필을 통해서 예술의 자연 발견 방법에 내재하는 이상주의적 자연 이해와 현실주의적 자연 이해에 대하여 논의해 보았다. 현대 예술의 안티리얼리즘적 자연 이해에 대해서도 피카소와 연관 지어 검토해 보고 싶었지만, 아직 공부가 모자라 다루지 못했다.

자연·인간 공동체· 도시

도시, 거주, 자연

김석철

명지대학교 석좌교수, 국가건축정책위원장

1 들어가는 말

'격물치지(格物致知)'라는 말이 있다. 여러 가지 해석이 있지만, 주된 의미는 '사물에 대한 이치를 끝까지 파고들어 가면 지식이 명확해진다.'라는 것이다. 이것은 하학하여 상달한다(下學而上達)는 것으로 아래로는 인간사를 배워서 궁극적으로 심오한 하늘의 이치에 통달한다는 의미이다.[1] 과학적으로 말하자면 현실에 기반을 둔 실증적 검토의 과정이라고 보아도 무방할 것이다. '격물치지'는 대상을 알아가는 방법론인 것이다.

도시 디자인은 어느 날 하늘의 계시를 받아 일필휘지로 그리는 것이 아니다. 설사 그렇더라도 그 이면에는 격물치지의 과정이 있으리라. 도시를 격물치지한다는 것은 거대한 자연 속에서 도시를 조직하고, 이끌고, 가꾸면서 지속시킨 인간의 노력을 알아 가는 것이다.

우연히도 나에게는 서로 다른 두 도시를 경험하면서 격물치지할 수 있었던 기회가 있었다. 먼저 1960년대 국립제주대학교 본관을 건축하면서 1년간, 국립제주대학교 수산 대학을 건축하면서 2년을 보냄으로써 인생의 3년을 오로지 '제주'만을 생각하며 보낼 수 있었다. 제주는 한반도 본토와는 전혀 다른 지질 구조를 가진 섬으로 당시에는 거의 온전히 자연 그대로의 모습을 하고 있었다. 제주도 어느 곳이든 철저하게 알고 느끼기 위해 항상 걸어다녔을 정도로, 나는 제주라는 특별한 환경에 매료되었다. 이후 제주 영화박물관을 짓기 위해 한 차례 제주도를 방문한 적은 있지만, 여의도 설계, 서울대학교 마스터 플랜, 보문단지, 예술의전당을 마지막으로 대규모의 설계에 매진하는 동안 서서히 제주를 잊고 있었다. 이후 필자는 휴식을 취할 겸 베네치아 대학에서 교수 생활을 했다. 1998년에서 2000년까지 3년의 세월을 보냈다. 베네치아는 섬의 형성 과정부터 제주도와는 철저히 대조적이었다. 온전한 자연 상태였던 제주와는 반대로 인공물 그 자체였다. 그럼에도 베네치아가 매력적이었던 것은 모든 인공 환경이 자연물처럼 느껴졌기 때문이다.

나는 이 글을 통해 제주도에서의 3년과 베네치아에서의 3년, 물상으로 존재하는 도시를 온전히 그 현장에서 느끼며 파악한 나의 격물치지를 소개하고자 한다. 더 나아가 제주도와 베네치아에 대해 격물치지함으로써 실사구시 할 만한 요소를 찾아내어 미래의 도시가 나아가야 할 방향에 대해서 말해 보고자 한다. 베네치아의 경우는 베네치아인 자신들이 미래의 베네치아를 위해 구상하고 있는 것을 소개할 것이고, 제주도의 경우는 필자가 계획한 바를 소개하고자 한다.

2   자연·인간 공동체·도시

'자연', '인간 공동체', '도시'를 적고 보니 '인간은 공동체를 형성해 도시를 만들었다. 태초에 자연이었던 곳에.'라는 은유적 표현이 떠 오른다.

1 자연

예로부터 동양은 자연을 직관적으로 받아들여 품으려 했다. 반면 에 서양은 자연을 분석함으로써 배움의 대상으로 삼으려고 했다. 건 축 환경이 인간 공동체가 자연을 이해하고 받아들이는 과정에서 탄 생하는 결과물이라고 했을 때, 최소한 동양적 의미의 건축 환경은 자 연을 그대로 받아들여 삶과 조화를 이루는 데 집중한 반면, 서양의 건 축 환경은 자연의 본질에 접근하려는 추상적이며 논리적인 과정인 것이다. 특히 서양의 경우 인간 중심의 시대를 맞이하면서부터는, 자 연을 인간이 넘어서서 이겨 내야 할 대상으로까지 변질시켰다. 이렇 듯 동양과 서양의 '자연'에 대한 동상이몽은 건축이나 마을의 형태에 서, 크게는 도시를 앉히는 방법에서 상당한 차이를 초래했다. 동양의 경우는 산의 방향, 용수와의 관계, 개방적 시선, 공기의 흐름 등 조화 로운 관계에 집중하는 반면에, 서양의 경우는 형태적 혹은 형상적 통 일성을 부여하는 데 주력했기 때문이다.

그럼에도 현재 우리나라의 도시는 서양식의 도시와 별반 다르지 않다. 서양식 자본주의에 의해 도시화를 겪었기 때문이다.

이제는 그 폐해마저 고스란히 우리 몫이 되었다. 자연 통제라는 해석은 곧 환경 파괴로 이어졌으며, 자연물로서의 인간다운 삶으로 부터 스스로를 소외시켰다. 다행히 패러다임은 변하고 있다. 이제야 사람들은 인간이 지구 자연의 주인이 될 수 없다는 것을 깨닫고 있다.

자연 · 인간 공동체 · 도시

처음부터 시작해 보자. 다시 '자연'으로 돌아가 차근차근 생각해 보자.

학술이라는 수사학의 장벽 속에서 지식인들이 쉽게 빠지는 함정은 어떠한 사물이나 현상에 대해 단정적으로 규정지으려 한다는 것이다. 그렇게 치밀하게 선언적일 것까지는 없다. 천천히 그려 보자. 우선 산, 들, 바다와 같이 지표를 이루어 인식되는 것을 자연으로 생각해 보자. 둘째, 지구의 자전과 공전에 의해 발생하는 여러 가지 시각적으로 인지할 수 없는 현상, 예를 들어 기후나 날씨와 관련된 눈, 비, 바람, 기온도 자연으로 인식할 수 있다. 셋째, 지층 아래의 작용이다. 맨틀의 흐름까지 생각할 필요는 없다. 지하수 정도만 생각하면 된다. 눈, 비가 땅으로 흡수되어 지하수가 되고 지하수는 지표의 물의 흐름과 합쳐져 강과 바다가 되기도 한다. 묘사의 편리함을 위해 분석적으로 바라보았지만 결국 물의 흐름처럼 모든 자연물은 개별 요소가 아니라 거대 지구라는 자연하에 유기적으로 얽혀 작동하는 것이다. 이것이 자연의 이치이다.

간단히 자연을 읽어 보는 것만으로 자연의 순환도 자연의 본질이라는 것을 알 수 있었다. 서양의 인간 중심적 사고는 자연의 흐름을 과학적 시각으로만 바라보았을 뿐이지 인간의 삶과 함께 영위해야 할 즉 품어 내야 할 것으로는 보지 않았다. 20세기 서양화 및 도시화로 인해 우리마저 이것을 잊었던 것에 대해 반성하며, 동양적 자연관 즉 자연과의 조화로운 삶을 회복하고 자연과의 조화로운 궁극적 도시화에 대해 생각해 보아야 할 것이다.

그러므로 이제부터 필자가 말하는 '자연'이란 '태초의 자연'이 아니다. 도시와 조화를 이룬 자연이다. 최소 만 명 이상의 사람들이 오랜 역사 동안 함께 버텨 온 자연이고, 자연 역시 인간들의 삶을 견뎌 낸 자연인 것이다.

2 인간 공동체

필자는 사회적, 철학적, 인류학적 관점으로 인간 공동체를 다루려는 것은 아니다. 오히려 자연 위에 인간이 집단을 이루어 도시를 건설하고 문명을 이루어 간 집단 도시화로서의 인간 공동체에 집중하고자 한다. 조금 더 원초적이며 물리적인 접근이라고 할 수 있겠다.

인간은 홀로는 존재할 수 없는 '미완의 피조물'이다. 인간 개개인을 하나의 비동질적 단위로 보자. 각 단위들이 결합되는 과정에서 개개인의 다른 특성으로 인해 다양한 변형이 만들어진다. 그러므로 인간은 거시 자연으로부터 돌, 청동, 철 등을 선사받음으로써 삶을 꾸리고 다양한 도시를 만들고 문화를 만들었던 것이다. 심지어 이제 인간은 자연의 선물에만 의존하지 않고 인간 스스로의 지식에 집중하고 있으며(IT 시대), 스스로의 창조적 재능을 발판 삼아 인류를 발전시키려 하고 있다.

하지만 무엇보다도 이 모든 것이 가능했던 이유는 바로 인간이 공동체로 존재하기 때문이다. 인간이 아름답고, 훌륭하고, 안전하고 무엇보다 행복하게 살고자 하는 욕망을 집단적으로 발산하였기에 문화는 물론 문명이 생기고 규율이 생기고 도시가 생길 수 있었던 것이다.

그러므로 '인간 공동체'의 가장 중요한 속성은 '상당 기간 지속된 강력한 의지의 집단 DNA를 가진 무리'인 것이다.

3 도시

서양에 도시를 연구하는 학자들 중에 무라토리 학파가 있다. 이 학파의 도시에 대한 가설은 '도시는 살아 있는 유기체로서, 시간과 공간의 변화를 겪어 온 여러 단계의 궤적들이 층층이 쌓여 있는 곳이다.'라는 것이다. 물론 철저히 도시를 형태유형학적 관점에서 바라봤기 때문에 '도시'가 문장의 주어가 되는 것이다.

나의 관점은 다르다. 필자가 본고의 목차로 '도시'보다도 '자연'과 '인간 공동체'를 먼저 내세우는 것은 '도시'가 '도시'로 명명되기 이전의 중요한 가치가 모두 이 두 단어에 녹아 있기 때문이다.

도시를 처음 만드는 것은 인간이다. 물론 인간이란 '인간 공동체'를 함축한 것이다. 도시를 다스리는 것도 인간이다. 도시를 유지하기 위해 투쟁하는 것도 인간이다. 도시가 살아 있는 유기체인 것은 그 속에서 살아가는 인간이 유기체이기에 도시도 그렇게 보이는 것이다. 도시는 철저히 인간에게서 유래되는 것이다. 도시가 살아 있는 유기체로서 계속 변하는 근거는 바로 도시를 이루는 인간 공동체 내에 다양한 움직임이 있기 때문이다.

그러므로 도시를 단순히 작은 마을들을 합쳐 낸 귀납적 물리체로 본다면 큰 오산이다. 오히려 도시는 한두 가지로 헤아릴 수 없는 인간들의 공고한 네트워크로 이루어진다. 공시적이며 통시적인 네트워크 말이다. 그중 몇 개가 붕괴된다고 해도 그들의 도시는 쉽게 무너지지 않는다. 설사 그들의 공시적 네트워크가 모두 철저히 무너져 도시 전체가 당장 해체된다고 해도, 만약 그들에게 강력한 의지로 일궈 낸 역사 문화가 있다면 그들의 도시는 영원히 기억될 것이고 회자될 것이다. 혹은 도시가 없어져도 인간 공동체는 몇천 년 유지되어 여전히 도시를 회복하려 할 수도 있다. 물론 그 의지가 너무 과해 이스라엘의 경우처럼 참담한 현실을 낳기도 하지만 말이다.

그러므로 도시의 본질은 물리적 모습도 아니고, 20세기가 만들어 낸 특수 현상인 산업화와 자본화도 아니다. 도시는 '자연'과 '인간 공동체'와의 찰진 교류에서 비롯되는 것이다.

3 두 도시 이야기

이상의 내용을 바탕으로 베네치아에서 3년을 살고, 제주도에서 3년을 지내 오면서 생각했던 자연, 인간 공동체, 도시의 삼각관계에 대해 적어 보고자 한다.

1 베네치아

인간이 만든 자연 아드리아 해 북부 연안에 위치한 베네치아는 지리적으로 독특한 환경에서 시작되었다. 바로 라구나(Lagoona)이다. 라구나는 육지에서 운반된 흙과 모래의 퇴적물로 형성된 선형의 섬들로 둘러싸인 석호이다. 바다와 육지 사이의 경계를 만들 뿐 아니라 해안선을 육지 쪽으로 움푹 들어가게 해서 아늑한 공간을 제공한다. 베네치아인들은 이 라구나 한가운데서 삶에 필요한 환경을 직접 만들어 살아온 것이다.

그들은 우선 땅을 만들었다. 라구나 내의 평균 수심은 깊어 봤자

자연 · 인간 공동체 · 도시

그림 4-1　베네치아(IUVA, Franco Mancuso 제공)

2.7미터 내외다. 사람들은 그곳에 말뚝을 박아 인공 대지를 만들었다. 이렇게 만들어진 100여 개의 크고 작은 인공의 땅들은 물길과 얽혀 있는 형상을 하고 있다. 사람들은 교각을 이용해 땅과 땅 사이를 걸어 다니거나, 아예 물길을 이용해 곤돌라로 통행한다.

생활에 필요한 용수도 마찬가지이다. 광장의 한가운데를 파고 그곳에 물이 새지 않도록 점토를 발랐다. 그 속을 다시 모래로 채운다. 비는 모래를 통해 여과되고 중앙에 모이게 된다. 이렇게 고인 물은 둥

근 통 모양으로 된 우물로 스며 들어가 사용된다. 베네치아인들은 지하수마저 하늘의 물을 이용해 인공적으로 창조해 내었다.

서양은 자연을 분석의 대상으로 삼으려고 했다. 인간 중심의 시대를 맞이하면서부터는 인간이 넘어서서 이겨 내야 할 대상으로까지 변질시켰다. 그러나 베네치아인들의 자연에 대한 태도는 조금 특별한 것 같다. 물론 자연에 대한 기본적인 태도는 당당히 맞서 정복하려는 듯 보이지만, 도합 100여 개에 이르는 그들의 땅에는 어떠한 통일성도 없다. 심지어 아주 섬세한 작은 물길까지도 삶의 일부로 자연스럽게 수용하고 있다. 더 나아가 그들 스스로가 만들어 낸 인공물 땅을 서서히 자연스럽게 바다 위의 자연물로 귀속시키고 있다. 그들은 자연을 완전히 무찌르지 않았다. 동양 사상처럼 자연을 그대로 관망하지도 않았다. 그들은 '인공적인 삶 자체가 자연'이라는 아이러니한 등식으로 자연을 만들어 내고 있을 뿐이다.

모두 고향을 떠난 사람들　베네치아에는 잘 짜인 건축물의 관계나 질서 있게 세워진 공공장소가 없다. 조닝(zoning)도 없다. 계획이라고는 전혀 보이지 않는다. 심지어 처음 방문한 사람이라면 그 미궁 같은 거리를 식별하여 빠져나오는 데 수 시간이 소요될 수도 있다. 주거, 생산, 소비, 여가 활동 등의 인간 생활이 얽혀 있을 뿐이다.

미로와 같은 공간 구조는 베네치아가 다핵의 도시임에 연유한다. 도시가 형성된 초기부터 지리적으로 분리된 작은 인공의 섬들에서 독립적인 공동체가 성립되었기 때문이다. 정확히 교회 중심의 교구 공동체 72개가 폐쇄적 자립성을 유지하며 각각의 공간 구조를 지니고 현재까지 이어져 왔기 때문이다.

그림 4-2   베네치아 도시의 내부 구조[2]

베네치아인들이 라구나에 살게 된 것은 569년 롬바르디아 지방이 침입당하면서 공동체 사람들이 교구를 이끌고 이주한 것에 기인한다. 이후에도 게르만족의 대이동, 로마 제국의 붕괴 등으로 인해 사람들은 점점 바다 쪽으로 몰려와 땅을 형성하여 살게 되었고, 9세기 이후에는 육지와 상당히 이격된 리알토 근처까지 몰려와서 살기 시작했다. 베네치아는 여러 이주민 공동체로 이루어진 도시인 것이다.

그럼에도 각각의 공동체들은 '터전 형성'이라는 공통의 목적으로 삶을 공유했다. 비록 미로와 같은 형태이지만, 그 공간은 유기적으로 연결되어 있으며, 그 속에는 질서가 있고 문화가 있다. 그들의 보이지 않는 질서의 중심에는 바로 공동의 DNA가 있었던 것이다.

또한 초창기부터 베네치아는 연안 무역을 통해 서아시아와 교류하면서 그곳의 문화를 받아들였다. 베네치아는 동방의 기독교 국가인 비잔틴 제국의 서쪽 끝을 이루는 변방의 식민지로 시작하여 비잔틴 제국과 교류를 지속했고, 이슬람 제국과도 끊임없는 교류를 통해 유럽의 어느 국가보다도 독자적인 문화를 형성했다. 그들 인간 공동체 스스로가 삶의 터전 자체를 만들던 그 열정은 그곳에서의 삶을 꾸려 가는 방식에도 적용되어 비잔틴, 고딕, 르네상스 등의 화려한 문화유산을 남긴 것이다.

본래 라구나 내부의 섬들에는 어부와 농부들이 살고 있었다. 그들은 에트루리아, 로마, 비잔틴 시대를 거쳤음에도 불구하고 강력한 문화를 만들어 내지 못하고 있었다. 개개인으로만 삶을 영위하고 있었을 뿐 공동체를 이루어 강력한 의지를 표방하지는 못했던 것이다. 이것만 보아도 공동체의 의지가 도시의 형성, 유지에 얼마나 중요한

자연 · 인간 공동체 · 도시

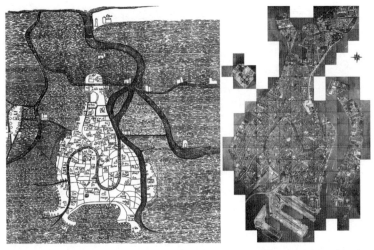

그림 4-3 「테만차 지도」,[3]에 나타난 1150년경 교구 중심의 베네치아와 인공위성에서 본 현재의 베네치아(ⓒ 아키반)

지 알 수 있다.

천연 도시 도시는 인간이 만들어 간 역사의 산물이며 동시에 집단적 의지의 산물이기도 하다. 베네치아가 대표적이다. 이 도시는 장구한 세월을 통해 만들어진 집단적 의지의 강한 표본이다. 그러면서도 베네치아인들은 결코 자연을 무지막지하게 파괴하지 않았다. 자연에 맞섬과 동시에 그것을 그대로 품으며 앞으로 당당히 나아갔다. 인간의 논리로만 무자비하게 계획된 도시였다면 지금의 베네치아는 그렇게 매력적이지 않았을 것이다.

르네상스 시대에 이르러 대부분의 건축물들은 지금과 같은 모습으로 완성되었으며 특별한 변화 없이 현재에 이르고 있다. 필자가 지은 건물이 20세기 100년간 지어진 100개의 건축물 중 마지막 100번

162

째라는 말을 듣고 역사 및 문화유산에 대한 그들의 확고하고 무시무시한 의지력을 새삼 체감할 수 있었다.

이렇게 베네치아는 천혜의 자연환경 라구나와 인간 공동체의 강력한 의지가 조화롭게 어우러진 도시인 것이다. 그렇기에 나는 이곳을 '천연 도시'라고 부르고 싶다. 자연과 도시가 음양의 관계라고 했을 때, 베네치아만큼 음양이 아름답게 그려진 곳은 없다고 본다. 물론 공동체의 강력한 의지로 말이다.

이상이 3년간의 베네치아 생활을 통해 '격물치지'한 내용의 일부이다. 베네치아만의 드라마틱한 모습은 아이러니하게도 전혀 상반된 상황인 우리나라의 제주를 떠올리게 했다. 이미 무의식이 된 35년 전 삶의 일부가 내 의식으로 스멀스멀 솟아났다.

2 제주도

세계에서 제일 큰 하나의 화산섬　처음 제주도를 보면서 놀랄 수밖에 없었던 것은 바로 한반도와 판이하게 다른 자연환경 때문이었다. 섬 일부가 유네스코에 등재될 만큼의 독특한 지질 환경과 빼어난 경관으로 인해 제주의 자연환경은 정말 특별했다.

제주는 약 200만 년 전부터 화산 활동에 의해 해안 지대, 한라산, 기생 화산인 오름이 형성되었다. 화산 활동이 완전히 멈춘 후 풍화와 침식 작용에 의해 자리 잡은 제주의 지질대는 태생적으로 한반도와 전혀 다르다. 중앙의 한라산을 중심으로 완만한 경사가 해안에까지 이르며, 동서로는 약 70킬로미터, 남북으로는 40킬로미터의 크기를 지녔다. 물은 해안을 따라 얻을 수 있으며, 한라산을 중심으로는 아열

　　　　　　　　　　　　　　　　　자연 · 인간 공동체 · 도시

그림 4-4　제주의 한라산[4]

대, 온대, 한대 식물 등 2000여 종의 식물들이 분포하고 있다.

　　제주도는 단 하나의 화산으로 이루어진 풍요로운 자연인 것이다.

　　정착되지 않는 이주민 공동체　하지만 제주도에 베네치아와 같은 강력한 인간 공동체가 있었던가? 아직은 잘 모르겠다. 어떠한 이유에서였는지 몰라도 인간들의 삶의 흔적만을 근근이 보였을 뿐이다. 제주도라고 했을 때 수려한 자연환경이 우선하지, 삼다도·삼무도·해녀를 제외하고 당장 떠오르는 인간 문화는 드물다.

　　제주도민들이 강력한 공동체를 이루어 뭔가를 이루기에는 외적 압력이 너무 강했기 때문인 것으로 여겨진다. 육지와 바다의 중간에 숨겨진 베네치아와 비교했을 때, 제주도는 한국, 일본, 중국, 동남아의 한중간에 고스란히 노출되어 있다. 주변 강대국들이 서로를 침략한다고 했을 때 전초 기지로 삼기에 안성맞춤이었다.

그림 4-5 제주의 해안 마을[5]

고려 시대에는 삼별초가 탐라까지 거점을 옮겨 대몽 항쟁을 계속했음에도 불구하고 제주도는 결국 원나라의 손에 들어가고 말았다. 몽고는 황제의 직속령으로 탐라총관부를 설치하여 1294년까지 제주를 직접 통치했는데, 이때 몽고 말을 가져와 방목한 것이 오늘에까지 이르고 있다. 결국 고려 공민왕은 최영 장군을 총사령관으로 삼아 제주도를 다시 고려로 귀속시키는 데 성공함으로써 100여 년간의 원의 통치는 막을 내린다.

일제 강점기에는 또 다른 시련을 맞이하게 된다. 제주도는 군사적 요충지로서 상하이와 난징을 폭격할 수 있는 대중국 전략 기지로 전락한다. 그 흔적이 알뜨르 비행장의 콘크리트 비행기 격납고 혹은 해안가 진지동굴의 형태로 상당수 남아 있다.

이렇듯 제주는 이 섬을 둘러싼 국가들의 열망을 고스란히 받아

자연·인간 공동체·도시

그림 4-6 제주도 송악산 진지동굴[6]

내어, 그들의 문화를 수용하기도 했고 그들 때문에 오히려 만신창이
가 되기도 했다. 도시는 고사하고 강력한 의지를 가진 인간 공동체의
흔적은 어디에서도 볼 수가 없다. 각종 수난의 시대에 이리저리 휩쓸
려 온 '이주민들'만이 있을 뿐이다.

물론 이 모든 것은 현재 남아 있는 증거를 기준으로 제주도를 바
라보기에 그렇다. 과거의 제주에 강력한 인간 공동체가 존재했을 수
도 있다. 황룡사 9층 탑에서 그 가능성을 발견할 수 있다. 9층 탑의 탑
신을 구성하고 있는 한 층 한 층의 의미는 신라를 적으로부터 보호해
달라는 호국 불교적 기원이다. 아홉 개의 각 층의 탑부마다 해당 나라
를 새겼는데 당시 신라의 가장 큰 적은 일본이었으므로 일본은 1층에

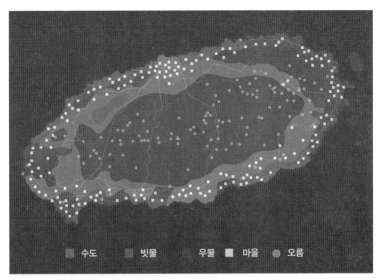

범례: 수도　빗물　우물　마을　오름

그림 4-7　제주도의 수자원 분포와 지질학적 특성(ⓒ 아키반)

새겼다. 4층부에 제주도의 옛 명칭인 '탐라(千羅)'가 있는 것으로 보아 한반도와의 교류 정도와 그 위상이 상당했으리라 짐작만 해 본다.

이루어지지 않는 도시　제주인들은 땅을 뒤덮은 돌덩이들을 치워 밭을 개간하고 포구를 만들어 성담을 쌓는 오랜 과정을 통해 제주를 개척해 왔다. 물을 얻으려 해안에 몰려 살았으며, 바람을 이기려 초가의 나직한 지붕을 띠로 얽어매었다. 이렇게 척박한 환경 속에서도 삶을 꾸리고자 노력한 그들의 모습은 생활 터전에 고스란히 남아 있다.

그럼에도 이 이상으로 인간에 의해 크게 발전되어 화려한 문화를 남기지 않았던 점이 특이하다. 척박한 자연과 핍박의 세월을 꿋꿋이 이겨 내었던 정신을 십분 발휘한다면 아름다운 환경과 풍요로운 식생

자연 · 인간 공동체 · 도시

을 높은 수준의 문화적 환경으로 끌어올리기에 충분하다고 여겨지기 때문이다. 제주에는 정직하고, 검소하고, 소소한 삶의 흔적만이 남아 있을 뿐이다. 자연을 그대로 품으려 하는 동양만의 독특한 자연관 때문인가.

그러므로 제주에는 도시가 없었다. 해안에 군락의 형태로 마을을 형성해 온 역사만 있을 뿐이다. 도시가 인간 공동체의 누적된 자발적 혁명 과정이라고 했을 때, 제주민의 삶 자체는 내적 의지보다는 외적 동기에 의해 누적된 시련에 그친 것이 현실이다.

현재도 제주도는 과거와 마찬가지로 지정학적으로 요충지이다. 황해와 동해, 동중국해의 경계에 있기 때문이다. 우리나라를 포함하여 러시아, 중국, 일본, 동남아를 연결하는 교통상의 요지이며 문화·정치·경제·군사상의 중심에 있는 것이다. 특히 제주도와 후쿠오카는 제주도와 서울보다도 가깝다. 또한 중국이 세계 최고의 경제 권역으로 떠오르는 상황에서 제주도 인근은 그들의 바로 앞바다라 부를 만한 곳이기도 하다. 중국은 해안 근처에 섬이 없으므로 아름다운 바다를 그리기에는 제주도가 안성맞춤이다. 이러한 상황에서 여전히 제주도에 대해 소소한 입장만을 표명하다가는 이곳이 열강들에 의해 언제 또 산산조각이 날지 모른다. 강력한 전략이 요구되는 시점이다.

관광 자원의 측면으로 생각해 보자. 베네치아와 비교해 보자. 매년 1600만 명 이상의 세상 사람들이 '천연 도시'를 경험하기 위해 베네치아를 방문한다. 한국은 어떠한가. 2013년 기준으로 한국 전체에 방문한 세계인의 수가 1200만 명이다. 나라 전체가 베네치아 하나 이

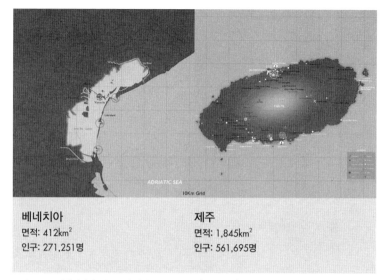

베네치아
면적: 412km²
인구: 271,251명

제주
면적: 1,845km²
인구: 561,695명

그림 4-8 베네치아와 제주도의 면적 및 인구 비교(ⓒ 아키반)

기지 못하고 있는 것이 현실이다. 한국 경제의 80퍼센트 이상이 무역에만 의존하고 있으니, 당연한 결과로 여겨진다. 나라의 부국강병은 관광 문화로 보여 줄 수 있다. 예를 들어 일본의 경우 무역량을 키워 나가고 세계화하기 위해서 교토를 가꾸어 그 문화를 세계에 알렸다. 우리에게도 이러한 전략이 필요하다.

필자가 예술의전당을 설계할 때 영국의 기술자와 건축가들, 특히 기술자들이 "어떻게 너희가 오페라하우스를 설계하느냐, 당신은 그냥 건축가로 이름만 내면 우리가 다 해 주겠다."라고 했다. 그래서 그 친구들이 서울에 왔을 때 국립박물관에 데려갔다. 영국에 문명이라는 것이 없을 당시에 우리가 만든 왕관을 본 그들은 그 이후 아무 소

자연 · 인간 공동체 · 도시

리도 하지 않았던 기억이 있다. 세계인을 상대로 우리를 설득력 있게 혹은 매력적으로 보여 줄 수 있는 인프라는 분명 존재한다. 우리에게는 제주도가 있다. '이루어지지 않는 도시'는 우리의 강력한 의지로 이제 이루면 되는 것이다.

4 도시 개조 이야기

1 모세 프로젝트

베네치아의 라구나는 내해와 외해(아드리아 해) 사이에 선형으로 길게 형성된 리도, 말라모코, 키오자라는 섬에 의해 보호되고 있으며, 세 섬 간의 간극을 통해 밀물과 썰물이 형성되어 독특한 생태계를 형성하고 있다. 그러던 1966년 어느 날 인공의 땅 위로 라구나의 바닷물이 넘쳐 수위가 194센티미터나 올라가는 사건이 발생했다. 이것은 '아쿠아 알타(acqua alta)'로 불리는 해수 고조 현상으로서 가을 겨울의 계절풍과 저기압, 조수의 썰물과 밀물 등의 현상이 복합적으로 작동할 때 발생하는 것이다. 최근 들어서는 이러한 위험한 만조가 급증하여 2010년에는 열여덟 차례에 달했다. 사상 최다였다. 바닷물의 수위는 1897년의 연간 평균보다 26센티미터 상승했으며, 앞으로 100년 이내에 60센티미터 정도 상승할 것으로 예측하고 있다.

이에 대응하기 위해 베네치아 시는 '만조 수위 예보 경보 센터'를 만들었을 뿐 아니라 홍수와 해수면 상승이라는 자연재해로부터 베네치아를 적극적으로 지키기 위해 대규모 프로젝트를 기획했다.

그림 4-9 해수 고조 현상 때의 베네치아 산마르코 광장[7]

'모세 프로젝트(Mose Project)'이다. 이탈리아어 Modulo Sperimentale Elettromeccanico(Experimental Electromechanical Module)의 약자 MOSE 로 구약 성서의 모세와 같은 이름이다. 내해와 외해가 접하는 세 군데 즉 석호 입구 부분에 가동식 방조제를 설치하는 작업이다. 현재 건설 중인 방조제는 길이 최대 29.2미터, 폭 20미터의 거대한 철판으로 해 저에 총 78기가 설치된다. 평소에는 이 철판들(수문) 속이 물로 채워 져 해면 밑에 뉘어 있으므로 그 위로 배가 자유로이 다닐 수 있다. 하 지만 수위가 110센티미터 이상이 될 것이라는 예보가 나오면 거대한 수문에 채워져 있던 물을 빼내고 공기를 강제로 주입하는데, 이때의 부력으로 인해 수문이 세워진다. 외해에서 들어오는 물을 차단하여 내해의 수위를 낮추는 작업인 것이다. 바닷물을 막기 위한 힘의 양은

171

그림 4-10 '모세 프로젝트'가 진행되는 모습[8]

빼낼 수 있는 공기의 양과 수문의 길이에 비례하기 때문에 해수면 높이에 따라서 공기 양을 조절하여 수문의 높이를 조절할 수도 있다. 수문이 올라가는 데 걸리는 시간은 약 30분 정도이며 반대로 수문이 물속으로 드러눕는 데 걸리는 시간은 15분 정도면 충분한 획기적인 시스템이다. 이렇게 베네치아인들은 말라모코, 키오자 사이로 형성된 해수의 흐름과 해양 생태계는 그대로 유지하고, 비상시에는 베네치아인들의 삶도 지켜 내는 것이다.

더 나아가 베네치아인들은 석호 유역 전체를 보호할 계획도 세웠다. 해안의 생태계를 보존하고 오염된 지역을 복원하며 동식물 서식지 보호에 적극 참여하기로 한 것이다. 이렇게 2003년에 시작된 '모세 프로젝트'는 오는 2016년 완공을 목표로 하고 있다. 1000년도 더 전에 북방 민족으로부터 스스로를 구하기 위해 자연과의 적극적인 공존을 선택했던 그들은, 또 다시 자연재해로부터 스스로를 지키기

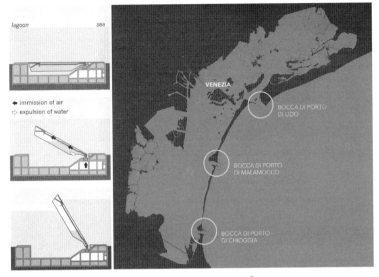

그림 4-11 '모세 프로젝트'의 수문이 열리는 원리와 수문의 위치[9]

위해 적극적인 공존을 발명해 냈다.

베네치아인의 공동체에는 자연과의 조화로운 삶을 추구하는 강력한 DNA가 흐르고 있는 것이 분명하다. 그들은 자연을 무찌르거나 넘어서야 하는 대상으로 보지 않는다. 물론 방관도 하지 않는다. 적극적인 공존 그 자체인 것이다.

국토 개발이 한창이었던 예전 대한민국이라면 어땠을까. 흙으로 덮었을 것이다. 세 섬 사이를 흙으로 메꾸어 라구나를 거대한 호수로 만들어 버렸을 것이다. 생태계 따위는 국가 발전이라는 논리하에 깡그리 잊혔을 것이다.

자연 · 인간 공동체 · 도시

그림 4-12 2007년 베네치아 대학과 함께한 '오리엔트 익스프레스 시티' 계획(ⓒ 아키반)

2 서귀포 중산간 '산상의 수상도시'

필자는 2007년에 베네치아 대학과 함께 제주도에 '오리엔트 익스프레스 시티' 계획을 진행한 바가 있다. 앞서 밝혔다시피 베네치아의 독특한 자연환경이 나의 제주도 시절을 상기시켜 주었기 때문이고, 제주도가 찬란한 자연환경에도 불구하고 베네치아만큼 유명하지 않은 것이 안타깝기도 해서이다. 당시의 프로젝트는 제주도의 중산간을 개발하여 전 세계 관광 도시와 네트워킹을 하는 작업이었다. 나 또한 프로젝트를 진행함으로써 제주도 발전에 대해 많은 생각과 포부를 가질 수 있었다.

제주도는 특별한 섬이다. 섬이긴 하지만 50만 인구에 자급자족이 가능한 1차 산업의 도시임과 동시에 지난 천년 동안 역사·지리·인문의 원형을 유지하고 있는 작은 나라로 볼 수도 있기 때문이다. 하지만 강력한 인간 공동체의 역사는 없었다. 현재의 제주는 포부에 의한 정책과 계획만으로 무분별하게 도시화가 진행된 결과일 뿐이다. 수려한 자연 경관으로 관광 산업을 펼치고는 있지만 역사와 지리가 훼손

됨으로써 방향성을 상실하고 있는 것이 현실이다.

특히 관광 자원으로서 제주도는 이때까지 편협하게 이용되어 온 것을 볼 수 있다. 한라산 또는 해안에만 개발이 집중되었기 때문이다. 해안 지역의 관광 단지들은 용수가 존재한다는 이유로 인해서 한라산의 조망과 바다와의 관계를 자원으로 삼아 그 명맥을 유지하고 있는 것이다. 그렇다고 이곳이 관광하기에 아주 완벽한 조건도 아니다. 강수량이 많기 때문이다. 비 오는 해안이나 한라산에서 할 수 있는 일은 없다. 비가 내리는 섬은 좋은 관광지가 되기 어렵다. 또한 앞으로 해안에만 의존하는 관광 사업은 곧 포화 상태에 이를 것이다. 해안을 관광 자원으로 삼는다는 것은 더 이상 특별하지도 않다.

그럼에도 필자가 제주도에 희망을 거는 이유는 아직도 그 땅에는 상당수의 원시 자연이 그대로 보존되고 있기 때문이다. 세계인들의 이목을 집중시킬 수 있는 제주도로 거듭나기 위해서는 지금과 같은 해안선 위주의 개발이어서는 한계가 있다. 사실 제주도의 가장 아름다운 모습은 한라산과 오름과 해안의 겹침에 있다. '중산간'이라는 지역이다. 이곳은 표고 200미터 등고선에서 표고 600미터 등고선 사이의 지역으로 정의된다. 이곳에 한라산의 오름과 해안 모두를 자기 것으로 할 수 있는 산상의 마을과 도시를 개발해 세간의 이목을 집중시켜야 한다.

한라산과 태평양이 함께 보이는 산상의 수상도시를 생각해 보자. 제주도는 한라산을 중심으로 이루어진 섬이기 때문에 현재의 강우량과 지하수를 적절히 조직화하면 장려한 물의 흐름을 만들 수 있다. 현재는 제주에 내리는 비의 대부분이 지하 화산암 아래 지하수로 존재

자연·인간 공동체·도시

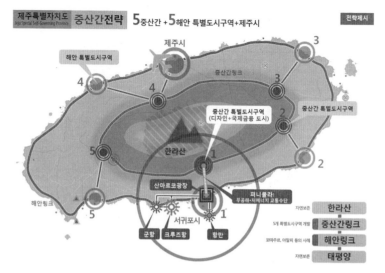

하다가 바다로 빠져나간다. 반면 제주도의 산록에는 물이 없다. 그러
므로 중산간 즉 한라산 백록담 아래 해발 500미터 정도의 등고선을
따라 지하 수조와 지상으로 흐르는 수로를 만들고 수로 주변에 수상
도시를 만들면 세상 어디에도 없는 산상의 수상도시를 만들 수 있다.
그야말로 비가 오는 날이 많다는 장애를 역으로 이용해 오히려 '비
오는 날이 매력적인 도시'로 만드는 계획인 것이다.

　제주도의 주요 사업인 관광 사업은 이미 내수 산업이 아니다. 대
외 산업이다. 국가 산업의 80퍼센트 이상을 수출입이 차지하는 상황
에서, 이들의 촉매 작용으로 관광 사업이 자리매김해야 한다. 한국의
관광 산업은 세계 시장에 한국을 알려 지속 발전이 가능하게 하는 핵
심 산업이 되게 해야 한다는 말이다. 한국의 상품과 작품이 세계 시장

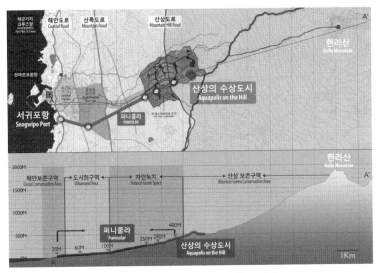

그림 4-14 중산간의 지리적 특성을 이용한 '산상의 수상도시'(ⓒ 아키반)

에서 제대로 평가받게 하려면 한국의 관광 산업이 우선 세계화가 되어야 한다. 세계인이 한국에 관심을 가지고 사랑하게 해야 한다. 그러기 위해서는 자원의 개발과 배분부터 전략을 세워야 한다. 우선 제주도의 도시화는 새로이 편성되어야 한다. 이 도시화는 모더니즘의 도시화가 아니다. 새롭게 협의된 인간 공동체의 의지가 일구어 낸 자연과 합의된 도시화이다. 도시가 품는 내용도 바뀌어야 한다. 관광의 소재도 정비해야 한다는 말이다. 이제는 휴식을 취하거나 견문을 넓히기 위한 일상과 유리된 투어리즘의 시대가 아니라, 창조적 신산업이 관광 산업과 하나가 되는 '일하는 투어리즘'의 시대이기 때문이다. 사람들에게, 특히 젊은이들에게는 벤처가 이루어지고 창조적 아이디어가 교환될 수 있는 곳이어야 한다.

자연 · 인간 공동체 · 도시

그림 4-15 '산상의 수상도시'의 크루즈항 및 서귀포항과의 네트워크(ⓒ 아키반)

이즈음 제주도의 세계화의 규모도 생각해 보아야 한다. 중국, 일본, 동남아시아만을 염두에 둘 수는 없다. 꼭 그렇게 생각할 필요도 없다. 해상 네트워크만 잘 이용하면 된다. 중국과 일본의 해안 도시와 제주도를 이어 크루즈 라인을 조직화하면 제주도에 세계인들이 방문할 수 있다. 이탈리아의 베네치아, 프랑스의 코트다쥐르(Côte d'Azur) 등 세계 최고의 관광 도시들과의 익스프레스 라인 말이다. 이렇게 크루즈항으로 입국한 사람들이 서귀포항을 거쳐 퍼니쿨라를 이용해 산상의 수상도시로 들어오는 것이다.

제주도 50만 인구의 소득이 3만 달러가 되게 하는 길은, 첫 번째 만 달러는 1차 산업의 기업화와 과학화이고 두 번째 만 달러는 기존의 관광 기반 시설을 사계절화하는 일이다. 세 번째 만 달러가 전혀 새로운 산업을 창조해야 하는 것이라고 했을 때, 중산간을 개발함으로써 바다와 한라산의 오름을 함께 어우르는 산상의 수상도시를 창조적 산업 기지로 만들어 세계의 사람들이 모이게끔 하는 것은 어떤가.

중산간을 산상의 수상도시로 전환하는 작업은 제주도를 핍박받아 오던 조상들의 서글픈 땅에서 보석과 같은 섬으로 탈바꿈시키는 극적인 힐링(healing) 전략이다. 제주도가 가지고 있는 독특한 자연을 더 특별하게 만들려는 우리의 의지가 있어야 할 때이다.

도시는 인간이 살고자 하는 삶에 대한 결연한 의지에서 비롯되는 것이다. 그 의지가 충만할 때 도시가 성장하고 번창하며 문화가 만들어진다. 도시는 예측할 수 없는 것이기도 하다. 도시 계획가의 오만함으로 '도시가 이렇게 될 것이다.'라고 예측할 수도 없고 해서도 안 된다. 한때 인류는 유토피아 도시를 꿈꿨다. 하지만 도시의 탄생, 성장과 지속 가능성은 그곳에 사는 인간 공동체의 강력한 꿈과 꾸준한 의지에서 비롯되는 것이다. 제주도는 이제 강인한 공동체로서 공동의 꿈을 가져야 한다. 그들의 강력한 의지로 제주에 자연을 거스르지 않는 매력적인 도시를 충분히 만들 수 있다. 베네치아는 이제 늙었다. 21세기는 이제 제주여야만 한다.

자연 · 인간 공동체 · 도시

환경 문제와
현대 과학 기술의 이중성

환경과 과학

이덕환

서강대학교 화학과 교수

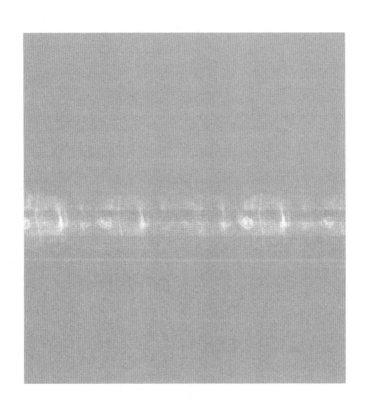

오늘날 환경 문제는 식량, 에너지, 자원, 인권, 평화 문제와 함께 우리가 해결해야 할 가장 중요하면서도 어려운 문제로 자리를 잡았다. 우리의 편익을 위해서라면 환경을 무시할 수 있고, 환경은 경제적으로 여유가 있을 때에만 신경 쓸 수 있다는 인식은 설 자리를 잃어 가고 있다. 오히려 환경에 대한 부담을 줄이기 위해서라면 누구든 경제적 부담이나 생활의 불편을 감수해야 한다는 의무감과 책임감이 빠르게 확산되고 있다. 환경 문제가 특정 지역이나 국가의 문제가 아니라 우리 모두가 함께 해결해야 하는 글로벌 과제라는 인식도 더 이상 낯설지 않다. 환경 문제 해결을 위한 국제적 규제와 협력이 강화되고 있는 것도 그런 인식의 변화 때문이다.

환경 문제와 관련해 과학 기술에 대한 사회적 인식도 복잡해지고 있다. 인구 증가, 수명 연장, 삶의 질 향상, 지식의 확장에 기여했던 과학 기술이 이제는 환경을 심각하게 오염시키고 파괴하는 가장 직접적인 원인으로 비난을 받고 있다. 환경을 지키기 위해 우리의 과도한 탐욕을 부추겨 왔던 과학 기술을 포기해야 한다는 반(反)과학 기술 정서가 설득력을 발휘하기도 한다. 물론 정반대의 의견도 있다. 환경 문제는 과학 기술의 무책임한 오남용과 우리의 무절제와 방종의 상승 작용으로 발생한 결과일 뿐이고, 환경 문제를 해결하고 지속적

환경 문제와 현대 과학 기술의 이중성

이고 건강한 인류의 생존과 문명의 발전을 추구하기 위해서는 오히려 과학 기술을 더욱 적극적으로 발전시키고 활용할 수밖에 없다는 친(親)과학 기술적 주장도 있다. 그런 주장이 과학 기술의 심각한 부작용을 외면한 과학 기술 만능주의적 발상으로 폄하되기도 한다. 그러나 우리 사회의 일부에서 빠르게 확산되고 있는 맹목적인 친환경주의·자연주의·생태주의·녹색주의가 과연 인류의 미래를 위한 실현 가능하고, 책임감 있는 대안이 될 것인지에 대해서는 심각한 고민이 필요하다. 단순히 낭비를 줄이고 절약해야 한다는 당위적 주장의 현실성에 대한 고민도 필요하다.

이 글에서는 우선 환경 문제의 심각한 현실을 살펴보고, 환경 문제에 대한 우리의 일반적인 인식을 검토한다. 환경 문제 해결을 위한 국가적·국제적 노력도 간단하게 소개한다. 특히 자연 조건의 변화를 고려한 인류 역사의 거대사적 분석을 시도하고, 지난 한 세기 동안 놀라운 수준으로 발전하여 영향력이 확장된 현대 과학 기술이 환경에 미친 영향과 부작용에 대해서도 살펴본다. 지속 가능한 발전과 번영을 위한 우리의 노력에서 과학 기술이 할 수 있는 역할에 대해 긍정적인 제안도 제시한다.

1 환경 문제의 불편한 진실

환경 문제가 매우 심각한 것은 분명한 사실이다. 우리의 생존에 직접적으로 영향을 미치는 수질, 대기, 토양, 산림, 하천, 연안, 바다가 모두 심각하게 오염되거나 파괴되고 있다. 생태계의 균형이 깨지면서 생물종의 멸종이 가속화되고 있는 상황도 더 이상 무시하기 어렵다. 환경 오염과 파괴의 속도가 더욱 빨라지고 범위가 더욱 확대되고 있다는 것도 심각한 문제이다. 이제 환경 문제는 제한된 지역에 한정되어 나타나는 문제를 넘어서 전(全) 지구적 과제로 확대되고 있다. 선진국의 지역적·국지적 문제에 지나지 않았던 환경 문제가 이제는 후진국을 포함한 지구촌 전체로 광역화·글로벌화되고 있다는 뜻이다. 지구촌에서 우리의 생존 자체가 불가능해질 수도 있다는 비관적인 전망이 설득력을 얻고 있다.

1 국토 개발의 부작용

환경 문제의 원인으로 가장 흔하게 지목되는 것이 바로 자연을 심각하게 파괴하고 변형시키는 국토 개발이다. 도시, 산업 단지, 주거 단지, 휴식·레저 시설, 도로·철도·교량·터널·항만·댐 등의 사회 기반 시설(SOC)의 건설과 같은 국토의 개발이 국민의 삶의 질 향상에 반드시 필요한 것은 사실이다. 그러나 개발에 의한 환경 오염과 파괴가 심각한 것도 역시 분명한 사실이다. 개발에 대한 사회적 인식은 매우 복잡할 수밖에 없다. 개발의 혜택이 모든 주민과 국민에게 공평하게 돌아가는 것이 아니기 때문이다. 개발의 수혜자는 환경 문제를 무시하게 되고, 개발의 피해자는 환경 문제에 대해 더욱 적극적인 관심을 갖게 된다. 다원화·민주화된 사회에서 개발의 수혜자와 피해자의 이해관계가 격렬하게 충돌하는 현실을 극복하는 일은 결코 쉽지 않다.

환경 문제와 현대 과학 기술의 이중성

국토 개발의 일차적 피해는 지리적·생태적 환경이 완전히 달라진다는 것이다. 그러나 개발에 따라 인구가 집중되고 산업화로 인해 생산 활동이 활발해지면서 쓰레기, 폐수, 유해 물질의 배출과 생활 환경의 악화처럼 장기간에 걸쳐 나타나는 이차 피해도 무시할 수 없다. 개발에 의한 환경 오염과 파괴의 정도는 개발의 규모에 직접 비례한다. 개발의 규모가 클수록 피해가 증폭되고 복구도 더욱 어려워진다. 대형 산업 현장에서 일어나는 사고에 의한 환경 문제도 심각하다.

경제적 생산성과 함께 삶의 질 향상에 꼭 필요한 것으로 믿었던 개발과 산업화가 이제는 환경 문제의 대표적인 원인으로 지목되면서 선진국을 중심으로 개발과 산업화에 대한 거부감이 확산되고 있다. 우리 자신만의 지나치고 이기적인 목적을 위해 자연을 파괴하고 변형시키는 개발과 산업화를 포기하고 물질적으로는 조금 어렵더라도 정신적으로는 풍요로운 삶을 지향해야 한다는 주장이 힘을 얻고 있다.

2 도시화의 부작용

국토 개발의 대표적인 산물인 도시화로 발생하는 환경 문제는 매우 복합적이고 심각하다. 신도시 건설이나 기존 도시의 재개발은 일반적인 개발과 마찬가지로 지리적·생태적으로 심각한 환경 문제를 발생시킨다. 그러나 도시화의 경우에는 인구의 밀집으로 인해 오염이나 파괴의 정도가 훨씬 더 심해진다. 제2차 세계 대전 이후 석탄 연소에서 발생하는 매연과 그을음에 의한 '런던형 스모그'와 자동차 배기가스에 의한 'LA형 스모그'가 도시화로 인한 대표적인 환경 재앙으로 알려져 있다. 오늘날 서울을 비롯한 우리나라 대도시의 대기와 수질 환경도 최악의 상황으로 치닫고 있다. 특히 최근에는 중국의 산업화 과정에서 발생하는 초미세 먼지가 심각한 문제가 되고 있다. 주거 및 생활 환경의 악화도 심각하다.

도시화에 의한 환경 문제는 일반적으로 시간이 지나면서 도시 외곽으로 확산되는 경향을 보인다. 인구가 밀집된 도시에 충분한 양의 에너지(전기, 연료), 식수와 생활용수, 식품과 생활용품을 공급하고, 도시에서 배출되는 오폐수와 분뇨를 비롯한 쓰레기와 폐기물을 처리하는 역할을 떠맡아야 하기 때문이다. 도시 주민들의 휴식을 위한 서비스를 제공하는 과정에서 발생하는 환경 문제도 무시할 수가 없다. 오늘날 인구의 절반 정도가 수도권에 밀집되어 있는 우리나라의 경우에는 국토의 대부분이 수도권 주민의 생활을 위해 활용되고 있는 형편이다. 수돗물 공급을 위해 도시 외곽에 대규모 댐을 건설해야 하고, 전력과 에너지를 공급하기 위해 전국적으로 발전소, 변전소, 송전탑과 함께 대규모 정유·가스 시설을 두어야 한다.

3 수질·대기·토양 환경의 오염

우리의 문명 생활에 의한 수질·대기·토양 환경의 오염은 어제오늘의 일이 아니다. 1만 2000년 전 농경과 목축이 시작되었던 수메르 지역에는 당시의 농경에 의해 초래된 염화(鹽化)의 흔적이 지금까지 남아 있다. 염화가 심각하게 진행된 지역은 아직도 정상적인 농경이 불가능할 정도로 환경이 파괴되어 버렸다. 오늘날의 기준에서는 친환경·무공해·유기 농업에 해당하는 전통적인 농경·목축의 부작용도 무시할 수가 없다. 그러나 18세기 후반의 산업화로 인구가 늘어나면

환경 문제와 현대 과학 기술의 이중성

서 농경에 의한 환경 파괴와 오염은 더욱 극심해졌다. 농경지를 마련하기 위해서는 산림을 파괴할 수밖에 없다. 산림을 태워서 농지를 마련하는 전통적인 화전(火田)은 지금도 남미와 동남아시아의 열대 우림을 파괴하는 요인이 되고 있다.

20세기에 들어 화학 비료와 농약이 개발, 보급되면서 농경에 의한 토양과 수질 오염은 더욱 가속화되고 있다. 하천과 호수의 부영양화(富營養化)가 심해지면서 발생하는 녹조(綠藻)의 피해도 심각하다. 특히 4대강 사업으로 강물의 유속이 느려지고, 가뭄과 더위가 겹쳐지면서 녹조는 물론이고 흉측한 생김새에 고약한 냄새를 풍기는 큰빗이끼벌레까지 등장해서 수질 오염의 문제를 더욱 악화시키고 있다.

연안의 수질도 날이 갈수록 악화되고 있다. 과도한 수산업 활동으로 어획량이 줄어들고, 연안 개발에 따라 쓰레기와 유기물이 유입되면서 생기는 피해가 심각하다. 남해안에서 매년 여름에 반복되고 있는 적조(赤藻)도 점점 더 심해지고, 연안의 개발에 따라 지리적 환경도 심각하게 훼손되고 있다. 육지에서 처리하기 어려운 분뇨·폐수·쓰레기를 해양에 투기하는 것도 바다를 오염시키는 요인이 되고 있다.

목축에 의한 피해도 무시할 수 없다. 사료를 생산할 목초지를 개발하는 과정에서도 부작용이 나타나고, 가축이 배출하는 축산 폐기물에 의한 수질 오염도 심각하다. 지난 20여 년 동안 낙동강 수역의 심각한 오염은 대부분 과도한 목축에 의한 것이다. 인구 증가와 삶의 질 향상으로 육류 소비가 늘어나면서 목축에 의한 환경 문제는 더욱 악화되고 있다. 특히 중국 서부 건조 지대에서는 기상 이변과 과도

한 목축으로 사막화가 가속화되면서 황사의 발생 빈도와 강도가 함께 늘어나고 있다. 아프리카의 경우에는 극심한 사막화로 대륙 전체가 불모지로 변해 가고 있는 형편이다. 불안정한 정치적 상황이 과도한 자원 채취로 이어져 환경 문제를 악화시키는 요인이 되기도 한다.

4 생태계 파괴와 생물종 다양성 위기

인구가 빠르게 늘어나면서 야생 생태계가 심각한 위협을 받고 있다. 사자나 호랑이와 같은 대형 포식 동물을 비롯해 수많은 동물과 식물이 멸종 위기에 놓여 있다. 우리도 예외가 아니다. 호랑이, 반달곰, 여우, 삵, 매, 독수리, 황새를 비롯한 토종 야생 동식물과 조류가 이미 사라져 버렸다. 우리나라 고유 식물종도 빠르게 감소하고 있다. 하천, 호수, 연안의 수중 생태계에서도 급격한 변화가 나타나고 있다. 육식성 배스, 황소개구리, 뉴트리아, 말벌 등 외래종에 의한 생태계 교란과, 천적이 사라지면서 과도하게 번식하는 멧돼지, 고라니, 꿩 등에 의한 피해도 심각하다. 이미 사라져 버린 생물종을 보호하고 복원하기 위한 다양한 시도가 있지만, 과연 그런 노력의 궁극적인 목표가 무엇인지는 확실하지 않은 경우가 대부분이다.

5 오존층 파괴와 지구 온난화

전(全) 지구적 규모로 나타나는 환경 문제도 있다. 제2차 세계 대전 이후 급속하게 보급된 냉장고와 에어컨의 냉매로 사용된 염화플루오린화탄소(CFC)에 의한 성층권의 오존층 파괴는 당시의 상식으로는 아무도 예상하지 못했던 심각한 재앙이었다. CFC는 화학적으로

환경 문제와 현대 과학 기술의 이중성

매우 안정하고 생태계에 아무런 독성을 나타내지 않는다는 안전성이 확인되었지만, 이것이 대기 중으로 방출된 후 대기의 순환에 의해 성층권으로 올라가면 문제가 전혀 달라진다. 햇빛에 포함된 강한 자외선에 의해 CFC가 분해되어 만들어진 염소 라디칼이 성층권에서 진행되는 오존 형성과 분해 반응에 영향을 주어 성층권의 오존 농도를 감소시킨다. 그 결과로 나타나는 소위 '오존층 파괴'는 햇빛의 자외선 강도를 증가시켜 지표면의 모든 생물종에게 심각한 위협 요인이 된다. 오존층 파괴의 영향은 CFC를 방출한 지역에 한정되지 않고 지구 전체에 미친다는 점에서 전통적인 환경 문제와는 차원이 다른 것이었다. 다행히 화학적 기술을 이용한 CFC 대체 물질 개발에 성공함으로써 CFC에 의한 오존층 파괴 문제는 상당 부분 해결되었다.

산업 혁명 이후 급속하게 늘어난 석탄·석유·천연가스 등 화석 연료의 사용에서 방출되는 온실가스에 의한 지구 온난화는 가장 심각한 환경 문제로 알려져 있다. 지구 온난화는 기후 변화와 직결되어 전 세계 모든 곳에 심각한 문제를 일으키고 있다. 지구의 대기 순환 구조의 패턴을 변화시키면서 이전까지 자주 경험하지 못했던 '극한 기후 현상'이 전 세계에서 끊임없이 일어나고 있다. 극심한 폭염과 한파, 엄청난 폭우와 폭설, 초대형 태풍·허리케인·토네이도·황사가 모두 지구 온난화에 의한 극한 기후 현상으로 알려져 있다. 장기적으로는 극지방과 고산 지대의 빙하가 녹고, 해수면이 상승하고, 바닷물이 산성화되면서 피해가 더욱 증폭될 것이 분명하다. 대기 중으로 방출되는 온실가스의 양을 줄이기 위해 다양한 대책과 국제 협력 방안이 쏟아져 나오고 있지만 아직까지 확실한 해결책을 찾아내지도 못했고, 지구 온난화가 어느 수준까지 진행될 것인지에 대한 추정도 불가능한 형편이다.

6 우주 환경의 파괴

1961년 인류 역사상 처음으로 소련의 보스토크 1호에 탑승한 유리 가가린이 우주 비행에 성공한 이후 우리는 우주 공간에 수없이 많은 인공위성을 쏘아 올렸다. 오늘날 우리 삶의 영역은 지상으로부터 3만 6000킬로미터까지 확장되어 있는 셈이다. 우주 공간에서의 환경 문제를 더 이상 외면하기 어려운 것도 그런 이유 때문이다. 기상 관측이나 방송·통신용으로 사용되는 정지 궤도 인공위성을 비롯해서 지상 500킬로미터의 저고도 궤도에 올려놓은 소형 인공위성의 수는 헤아리기도 어려울 정도다. 그런 과정에서 인공위성의 궤도 진입에 사용되는 로켓의 잔해와 수명을 다하여 작동을 멈춘 인공위성에 이르기까지 우리의 통제를 벗어나 우주 공간을 제멋대로 돌아다니고 있는 우주 쓰레기도 심각한 환경 문제를 일으키고 있다. 우주 쓰레기는 많은 비용을 들여 올려놓은 멀쩡한 인공위성과 충돌하기도 하고, 지구 대기권으로 재진입하면서 지표면에 심각한 피해를 줄 가능성도 완전히 배제할 수 없다.

2 환경 문제의 정체와 해결의 어려움

오늘날 우리가 직면하고 있는 환경 문제가 대부분 과학 기술을

환경 문제와 현대 과학 기술의 이중성

기반으로 하는 우리 스스로의 문명 생활에 의해 발생한 것이라는 지적은 부정하기 어렵다. 그렇다고 모든 환경 문제가 인간이 초래한 것이라는 주장도 역시 선뜻 인정하기 어렵다. 우리가 걱정하는 환경 파괴와 오염의 의미나 실체가 흔히 짐작하는 것처럼 간단하지 않기 때문이다. 인간의 손길이 닿지 않은 '야생(野生)'이 우리가 절대 훼손하지 말아야 하는 자연의 본래 모습이라고 보기도 어렵다. 그런 뜻에서 환경을 보존하거나, 오염되거나 파괴된 환경을 복원하는 일도 생각처럼 쉬운 일이 아니다.

1 '환경'의 정체와 가치에 대한 인식

'환경'은 인간을 비롯한 생물의 삶에 직접 또는 간접으로 영향을 주는 복합적인 조건을 뜻한다. 그런 환경의 정체에 대해서 우리는 지극히 비현실적인 환상을 가지고 있다.

첫째, 우리는 자연환경이 쉽게 변하지 않는다고 믿는다. 그래서 인걸이 간데없을 정도로 오랜 세월이 흘러도 산천으로 대표되는 자연환경은 변함없이 의구(依舊)하게 남아 있을 것이라고 생각한다. 그러나 우리의 순진한 기대와 달리 자연환경은 끊임없이 변화한다. 밤과 낮이 다르고, 아침과 저녁이 다르고, 봄과 가을이 다르다. 자연이 순환적이고 반복적이라는 인식도 제한적인 것이다. 내일이 오늘과 같을 수가 없고, 올해는 작년과 같지 않고, 내년은 또다시 전혀 새로운 한 해가 될 것이 분명하다. 지구가 태양 주위를 공전하는 궤도가 언제나 일정하게 반복되는 것도 아니고, 지구의 자전이 언제나 똑같은 조건에서 반복되는 것도 아니다. 브라질에 사는 나비가 날개를 펼

럭이는 정도의 작은 요동이 거대한 태풍을 만들어 낼 정도로 민감하고 미묘한 지구의 대기 순환이 완벽하게 규칙적으로 반복될 것이라는 기대는 아무 근거를 찾을 수 없는 착각이고 환상일 뿐이다.

둘째, 우리는 생태계가 균형을 이루고 있다고 믿는다. 그러나 약육강식과 적자생존의 원칙이 지배하는 거대한 먹이 사슬을 기반으로 하는 생태계에서 영원히 유지되는 '균형(balance)'은 처음부터 기대할 수 없다. 예를 들어, 포식자에게 유리한 환경이 만들어질 수는 있지만 그런 환경이 영원히 지속될 수는 없다. 시간이 지나면 살아남기 유리한 환경에 놓인 피식자의 개체 수는 늘어나게 되고, 살아남기 어려운 환경에 놓인 피식자의 수는 줄어들게 된다. 결국 충분히 긴 시간이 지나면 포식자의 환경도 악화될 수밖에 없다. 더욱이 생태계의 일시적인 균형조차도 자연환경의 변화와 함께 속절없이 무너져 버린다. 결국 우리가 인식하는 생태계의 균형은 자연환경의 변화 속도가 충분히 느리다는 비현실적인 전제에서만 성립하는 것이다. 생태계가 스스로의 균형을 되찾는 '복원력'을 가지고 있다는 인식도 지극히 제한적일 수밖에 없다.

셋째, 환경을 모든 사람과 나아가서 모든 생물종에 적용되는 보편적 개념이라고 생각한다. 그래서 지구촌의 모든 사람과 모든 생명에게 적합한 환경 조건이 존재하고, 그런 환경을 유지하기 위해 노력해야 한다고 믿는다. 그러나 환경은 근원적으로 지극히 주관적일 수밖에 없는 개념이다. 우리에게 유리한 환경이 반드시 다른 사람이나 다른 생물종에도 유리한 것이라고 할 수 없기 때문이다. 우리는 다른 생물의 서식 환경에 대해 관심을 갖기도 하지만, 환경에 대한 우리의

환경 문제와 현대 과학 기술의 이중성

관심은 지극히 인간 중심적이고 이기적인 것일 수밖에 없다. 우리의 생존을 전제로 하지 않는 환경에 대한 관심이나 환경 문제의 해결은 의미가 없기 때문이다.

넷째, 우리에게 환경이 최고의 가치로 자리를 잡고 있다. 환경이 우리의 생존에 필수 불가결의 요소인 것은 분명하지만, 우리가 모든 것을 포기하고서라도 환경을 지켜야만 한다고 주장하기는 어렵다. 우리에게 지극히 위험한 원시 밀림의 환경을 개선하지 못하면 궁극적으로 우리의 생존도 불가능해진다. 그리고 우리의 생존을 위한 환경의 개선은 불가피하게 오염과 파괴를 동반한다. 환경의 개선이 과학 기술에 의해서만 가능한 것도 아니다. 자연 생태계에서도 생존을 위한 경쟁은 치열하게 진행되고 있고, 모든 생물종은 생존 경쟁에서 살아남기 위해서라면 수단과 방법을 가리지 않는다. 환경이 중요한 것이 사실이지만 자칫 환경의 가치를 지나치게 높이 평가하면 우리 자신의 생존이 심각하게 어려워질 수도 있다.

2 환경 문제 해결의 이유와 목표

환경 문제를 애써 해결해야 하는 이유와 목적이 불확실한 경우가 있다. 이유와 목적이 불확실하면 환경 문제 해결을 위한 합리적인 방안을 찾아내는 일이 불가능해지거나 훨씬 더 어려워질 수도 있다.

첫째, 우리는 우리 자신을 자연 생태계와 분리해 인식한다. 환경을 오염시키고 파괴하는 것은 우리뿐이라고 믿고, 다른 생물에게는 그런 능력이 없다고 생각한다. 우리는 자연과 어울리지 않는 '인공적'인 집을 지어서 환경을 파괴하지만, 까치가 나무 위에 지은 집이나 수달이 개울에 만든 수중보는 완벽하게 '자연적'인 것이라고 생각한다. 물론 인간의 집과 까치나 수달의 집은 소재나 가공의 정도에서 차이가 있는 것은 분명하다. 그러나 우리가 사용하는 건축 자재도 예외 없이 자연에서 얻은 것이다. 가공의 정도나 규모에 따라 '인공'과 '자연'을 엄격하게 구분하는 것은 불가능하다. 자연에 살고 있는 모든 생물은 생존 과정에서 자연에 적지 않은 영향을 주게 된다. 우리 스스로를 자연에 존재하는 다른 생물과 애써 구별하여 인식함으로써 발생하는 문제는 생각보다 훨씬 심각하다.

둘째, 우리 자신에 대한 자책이 도를 넘어선다. 그래서 '자연을 마구 파헤치고 훼손하는' 우리 자신에 의해 자연이 심각한 고통을 받는다고 생각하고 심한 자책감을 느낀다. 그런 인식은 온실가스 배출에 의한 지구 온난화의 경우에 가장 확실하게 드러난다. 우리가 초래한 지구 온난화에 의해서 '지구가 신음하고 있다'고 생각한다. 그러나 실제로 지구 온난화에 의해 고통을 받고 신음하게 되는 것은 지구가 아니라 지구의 표면에서 어렵고 위험스러운 삶을 이어 가고 있는 우리 자신을 비롯한 생물이라는 현실은 과도하게 의인화된 은유적 표현 속에 묻혀 버린다.

셋째, 우리의 능력을 과대평가한다. 온난화로 신음하는 지구를 '구해 내야 한다'는 주장이 대표적인 예가 된다. 우리가 지구의 자연 환경을 엉망으로 만들 수 있는 능력을 가지고 있는 것은 사실이다. 그러나 그런 능력은 어린아이가 깨끗하게 정리된 방을 어지럽힐 수 있는 것과 크게 다르지 않을 수도 있다. 방을 어지럽힐 수 있는 어린아이가 어지럽게 변한 방 안의 모든 것을 제자리로 되돌리기를 기대하

환경 문제와 현대 과학 기술의 이중성

기는 어렵다. 우리가 엄청난 위력을 가진 과학 기술을 마음대로 활용할 수 있다고 해도 과연 환경 문제로 신음하는 지구 상의 생태계와 인류를 구해 낼 수 있을지는 분명하지 않다. 환경 문제를 해결하기 위한 노력이 오히려 새로운 환경 문제로 이어지는 현실을 외면하지 말아야 한다.

넷째, 환경 문제 해결의 목표가 분명하지 않다. 인간에 의해 발생한 수질·대기·토양의 오염을 완전히 제거해서 깨끗하고 정돈된 환경을 만드는 것이 환경 문제 해결의 궁극적인 목표가 될 수 있는지가 불확실하다. 인간이 접근하지 않은 오지(娛地)의 자연환경은 인간의 입장에서 매우 위험하고 거친 야생 상태에 해당한다. 실제로 인간이 지구 상에 등장하기 전에도 하천이나 연안의 부영양화에 의해 녹조나 적조가 번성했던 경우가 적지 않았다. 환경 문제가 심각한 지금도 인간의 간섭과는 아무 상관 없이 녹조나 적조가 발생하는 경우가 있다. 그런 경우에도 인간의 잘못에 의해 발생하는 녹조나 적조와 마찬가지로 수중 생태계에 심각한 문제가 발생하게 된다.

다섯째, 환경 보호와 복원이 정치적·상업적 목적으로 이용되는 경우가 적지 않다. 환경이 중요한 가치로 자리를 잡게 되면서 나타나는 부작용도 무시할 수 없다. 비현실적인 저(低)탄소도 모자라 탈(脫)탄소까지 강조하는 녹색 성장을 앞세워 무리하게 4대강을 정비한 것이 대표적인 사례. 지구 온난화와 생물종 다양성 등이 특히 그런 경우라고 할 수 있다. 더욱이 과학 기술을 앞세우면 문제는 더욱 혼란스러워진다. 정치적·상업적 목적을 애써 감춘 환경 보호와 복원 노력은 더욱 심각한 환경 문제를 낳는 원인이 될 수 있다.

3 환경 문제 해결을 위한 노력

환경 문제가 지역적·국지적 범위에 한정되어 있던 때에는 환경 문제 해결을 위한 노력이 해당 국가의 몫으로 맡겨질 수밖에 없었다. 1950년대에 극심한 스모그로 어려움을 겪었던 런던은 모든 건물에서 난방용 연료로 석탄을 사용하는 것을 엄격하게 금지하고, 비용은 훨씬 많이 들지만 오염이 적게 발생하는 코크스의 사용을 법제화함으로써 스모그 문제를 해결하였다. 자동차 매연에 의한 스모그로 고통을 받았던 미국 로스앤젤레스의 경우에는 자동차의 배기가스 규제를 선도적으로 강화하는 정책 예고제를 통해서 문제를 해결하는 새로운 방식을 도입했다. 캘리포니아 주 정부는 캘리포니아에서 판매될 모든 자동차의 배기가스 규제 목표치를 예고함으로써 자동차 산업계가 자발적인 노력을 통해 환경 개선에 적극적으로 참여하는 길을 열어 주었다.

1962년에 발간된 레이첼 카슨의 『침묵의 봄』[1]은 국제 사회에서 환경 문제를 심각하게 인식시키는 계기가 되었다. 살충제로 개발되었던 DDT의 과다 사용이 곤충을 멸종시키고, 나아가서는 곤충을 먹이로 삼는 조류까지 멸종시켜 버릴 것이라는 섬뜩한 경고를 국제 사회가 무작정 무시하기는 어려웠다. 『침묵의 봄』은 국제 사회에서 농약의 오용과 남용을 규제하려는 노력을 이끌어 냈으며 농약의 환경 독성을 줄이는 기술 개발에 대한 투자도 확대하도록 만들었다. 오늘날 카슨의 예언이 빗나간 것처럼 보이는 이유가 바로 국제 사회와 과학 기술이 환경 문제를 새롭게 인식하고 투자와 노력을 아끼지 않았던 덕분이었다. 오늘날에도 그런 전통은 계속 이어지고 있다.

환경 문제와 현대 과학 기술의 이중성

환경 문제가 글로벌화되면서 환경 문제 해결을 위한 노력의 방향도 크게 달라졌다. 1972년에는 스웨덴의 스톡홀름에서 113개국의 대표가 모여 '오직 하나뿐인 지구'를 주제로 유엔인간환경회의가 개최되었다. 이 회의에서 인간의 경제 활동에 의한 공해와 오염 등의 문제에 범지구적 차원의 국제 협력을 강조한 '인간환경선언'을 채택하고, 유엔의 산하 기구로 '유엔환경회의(UNEP)'를 설치하였다. 유엔환경회의 개최 20주년이었던 1992년에는 브라질 리우데자네이루에서 '유엔환경개발회의'를 개최하여 '환경적으로 건전하고 지속 가능한 개발(ESSD)'의 구현을 위한 '리우 선언'과 21세기를 향한 환경 보전 실천 계획인 '아젠다 21(Agenda 21)', 지구 온난화를 방지하기 위한 '기후변화협약'과 생물 자원의 보존을 위한 '생물다양성협약'을 성사시키고, 산림의 보전과 지속 가능한 이용을 목표로 하는 '산림원칙성명'을 채택하였다. 이 밖에도 습지 보호를 목표로 하는 '람사르협약'(1971), 폐기물의 해양 투기 및 해상 소각을 금지하는 '런던 협약'(1975), 유해 폐기물의 국제 간 이동 및 처리에 대한 '바젤 협약'(1992), 무리한 개발과 오남용에 의한 사막화 방지를 위한 '사막화방지협약'(1994), 야생 동식물 보호를 위한 '멸종 위기에 처한 야생 동식물의 국제 교역에 관한 협약'(1975), 오존층 파괴 물질의 생산을 금지한 '몬트리올 의정서'(1986), 잔류성 유기 오염 물질(POPs)의 국제적 규제를 위한 '스톡홀름 협약'(2001), 유전자 변형 생물체(GMO)의 국가 간 이동을 규제하는 '카르타헤나 의정서'(2000), 유전 자원의 활용에 대한 '나고야 의정서'(2010), 남극 해양 자원의 보존·보호·이용에 대한 '남극해양생물자원보존협약'(1980), 영해·접속 수역·대륙

붕·공해·심해저 등에 대한 '유엔해양법협약'(1994) 등의 다양한 국제 협력이 적극적으로 시행되고 있다.

4 환경 보호와 복원에 대한 요세미티의 교훈[2]

현재 우리 땅에서 완전히 자취를 감춰 버린 반달곰과 여우를 되살리고, 황새, 삽살개, 칡소를 복원하는 사업이 진행되고 있다. 자연을 소극적 의미에서 있는 그대로 보호하고 지키는 정도가 아니라 인간의 손이 닿지 않은 야생의 상태로 되돌리기 위해 적극적으로 노력하고 있다는 뜻이다. 자연을 있는 그대로 지키고 보존하려는 노력을 처음 시작한 것은 미국의 링컨 대통령이었다. 그는 1864년 캘리포니아 주의 요세미티 협곡에서 모든 상업적 개발을 엄격하게 금지하는 법안을 제정했다. 1872년 옐로스톤이 미국 최초의 국립 공원으로 지정된 것도 링컨의 그런 노력 덕분이었다. 오늘날 요세미티와 옐로스톤은 자연 보존의 대표적인 성공 사례로 소개되고 있다. 우리나라는 1968년에야 처음으로 국립 공원을 지정했고, 1980년에 본격적인 자연공원법을 제정했다.

자연을 지키는 첫째 과제는 탐욕스러운 인간의 손길을 차단하는 일이었다. 요세미티 협곡에서 대대손손 살아왔던 아와니치 인디언을 다른 곳으로 이주시키고, 관광객의 출입도 철저하게 통제했다. 그렇다고 요세미티를 온전히 자연에만 맡겨 둘 수는 없었다. 강한 서풍이 잦은 지리적 특성 때문에 끊임없이 발생하는 산불을 그냥 둘 수 없었기 때문이다. 캘리포니아 주 정부는 요세미티의 자연을 있는 그대로 지키겠다는 순진한 꿈을 위해서 대규모 소방대를 조직해서 적극적으

환경 문제와 현대 과학 기술의 이중성

로 산불을 관리해야 했다.

그런데 한 세기가 지난 후의 결과는 실망스러웠다. 아름다웠던 요세미티 협곡에서 심상치 않은 변화가 나타났다. 애써 지키려 했던 우람한 자이언트 세쿼이아가 빠르게 사라지고, 그 대신 산불에 취약하고 볼품도 없는 활엽수가 번성하기 시작했다. 낯선 외래 식물들도 등장했다. 동물의 생태계에도 변화가 나타났다. 요세미티 협곡에서 번성하던 갈색곰과 캘리포니아 콘도르가 오히려 멸종 위기에 빠져버렸다.

문제의 원인은 산불을 진화하기 위한 적극적인 노력에 있었다. 자연은 생각보다 훨씬 더 복잡하고 오묘했다. 모든 것을 태워 버리는 산불도 자연의 일부였다. 놀랍게도 요세미티의 자이언트 세쿼이아를 번성하도록 해 준 것이 바로 산불이었다. 자이언트 세쿼이아의 껍질은 충분히 단단하고 두껍기 때문에 인화성이 강한 송진이 배어 나오지 않는다. 더욱이 산불의 열기가 단단한 솔방울 깊숙이 들어 있는 씨앗의 발아를 도와준다. 딱정벌레와 다람쥐도 자이언트 세쿼이아의 번성에 도움을 준다. 순진한 의도에서 시작한 자연 보호 노력에서는 그런 사실을 간과했던 것이다. 결국 1970년대부터는 산불 진화 노력을 포기하고, 오히려 산불을 인공적으로 발생시켜서라도 과도하게 번성한 활엽수를 제거하고 자이언트 세쿼이아를 발아시켜야 했다.

요세미티가 우리에게 주는 교훈은 명백하다. 자연의 보호나 복원은 말처럼 쉬운 것이 아니라는 것이다. 사실 보호와 복원에는 우리의 자의적인 의도와 욕심이 담겨 있고, 자연 보호와 복원 노력이 우리의 생각처럼 순진한 시도가 아닐 수도 있다. 많은 비용과 노력을 투입해서 애써 가꾸고 있는 국립 공원이 우리가 정말 원하는 자연인지 고민해 볼 필요가 있다. 그런 노력이 요세미티의 산불 진화처럼 자칫 생태계를 더욱 심각하게 훼손하는 결과로 이어질 수도 있다.

3 인류 문명의 거대사적 분석[3]

본래 '자연(自然)'이라는 말은 '스스로 그냥 있음'이라는 의미로 사용되었고, 영어의 nature는 '태어나다'라는 뜻의 natura에서 유래되었다. 자연은 인간의 간섭이 없는 상태에서 스스로 생겨났다가 스스로 사라지기도 한다는 것이었다. 그런 자연은 우리 인간과 분명하게 구별되는 대상이었다. 자연에 대한 인식은 지역과 문화에 따라 다르고, 시대에 따라 끊임없이 변해 왔다. 그러나 대부분의 경우에 우리는 한편으로는 다듬어지지 않은 거친 야생 상태의 자연에 강한 두려움과 거부감을 느끼면서도 동시에 다른 한편으로는 야생의 위험과 공포를 극복하기 위한 과학 기술을 개발하려 노력했다.

1 자연의 이중성

우리에게 생존에 필요한 공간과 함께 식량, 소재, 에너지를 제공해 주는 자연을 벗어난 삶은 상상할 수가 없다. 자연은 우리가 더불어 살아갈 수밖에 없는 소중한 삶의 터전이다. 그런 자연에 대해 긍정적이고 우호적인 인식을 갖는 것은 당연하다. 우리는 오래전부터 그런 자연을 무한히 동경해 왔다. 우리 스스로를 태어나게 해 준 자연

환경 문제와 현대 과학 기술의 이중성

에 대한 감사의 표현인 셈이다. 겉으로 드러나는 산천경개를 아름답다고 느끼고, 규칙적으로 반복되는 밤낮과 계절의 신비스러운 변화에 감동한다. 다양한 생물에게 삶의 터전과 영양분을 제공해 주는 대지의 무한한 생명력은 종교적 숭배의 대상이 되기도 했다. 고대의 다양한 자연 숭배 사상은 그렇게 시작되었다. 자연의 장엄함과 아름다움은 수많은 문학과 예술 작품의 소재가 되기도 했다. 그래서 자연적인 것은 모두 선하고, 자연을 인공적으로 가공하는 것은 모두 악하다는 극단적인 인식도 등장했다. 자연에서 생산되는 것이라면 모두 몸에 좋다고 여기고, 자연이 인간에게 포근하고 편안한 안식처라는 친자연적인 사고방식도 그런 인식에서 비롯된 것이다. 녹색이라면 무엇이든 좋을 것이라는 맹목적인 녹색주의도 마찬가지다.

그러나 특별한 자기방어 수단을 갖지 못한 원시 인류에게 자연은 결코 동경의 대상일 수만은 없었다. 맹수의 공격을 피하는 일도 쉽지 않았고, 더위와 추위는 물론이고 칠흑 같은 어둠이나 비바람을 포함한 모든 자연 변화에도 쉽게 적응하기 어려웠다. 대규모의 산불, 화산 폭발, 가뭄과 홍수, 지진과 해일, 태풍과 폭설 등의 자연재해는 우리의 존재 자체를 위협하는 심각한 재앙이다. 특히 최소한의 식량과 안전을 확보하기도 어려웠던 원시 인류에게 그런 자연은 단순한 동경의 대상이기보다는 극단적인 두려움과 공포의 대상이었다. 자연은 우리의 생존을 위해 반드시 극복해야 하는 도전의 대상이기도 했다. 거친 자연과의 힘든 투쟁을 견뎌 내야 했던 원시 인류의 힘들고 고단한 삶에서 자연의 아름다움을 감탄할 수 있는 여유를 찾기는 어려웠을 것이다. 지금도 힘들고 가난한 원시생활을 견뎌 내고 있는 오지의 사회에서는 자연에 대한 긍정적인 인식보다는 극단적인 공포감을 더욱 확실하게 확인할 수 있다.

지구촌 전체를 살펴보면 사정은 더욱 심각하다. 지구의 70퍼센트는 인간의 접근을 허용하지 않는 바다가 차지하고 있다. 30퍼센트에 불과한 육지에서도 인류가 대규모로 정착해서 살고 있는 지역은 전체 육지 면적의 14퍼센트에 불과하다. 남극 대륙처럼 인간의 생존이 불가능한 곳도 있고, 유럽을 제외한 나머지 대륙의 경우에도 상상을 넘어서는 열악한 자연환경을 이겨 내야만 생활이 가능한 지역이 대부분이다. 지구 온난화에 따른 기후 변화에 대한 우려의 목소리가 높아지고 있지만, 사실 지구의 기후가 언제나 온화하거나 규칙적이었던 것도 아니었다. 아프리카 북부 지역까지 얼음으로 뒤덮였던 대규모 빙하기와 생물종의 대량 멸종 사태도 반복적으로 발생했다. 지구의 역사에서 급격하고 극단적인 기후 변화와 생물종의 멸종은 최근에 처음 나타난 것이 절대 아니었다.

우리가 발을 딛고 사는 육지도 언제나 지금과 같은 모습은 아니었다. 지각 판의 이동에 따른 대규모 지진이나 해일은 물론이고 육지의 수직 상승과 침하가 일어나는 일도 드물지 않았다. 높은 산악 지방에서 해양 생물의 흔적이 발견되는 것은 과거에 엄청난 지각 변동이 있었다는 증거다. 히말라야 산맥과 유카탄 반도도 그런 지각의 움직임에 의해서 만들어진 것이다. 화산 폭발로 섬이 통째로 사라지거나 새로 만들어지는 경우도 많았다. 그런 지질학적 변화의 속도가 인간의 생리 현상보다 훨씬 느렸던 것이 그나마 다행이었다. 물론 지금도 그런 변화는 계속되고 있고, 앞으로도 계속될 것이 분명하다. 지구 환경의 이런 역사를 고려하면 최근에 인류의 산업 활동에 의해서 기상 이변과 자연재해가 더욱 심각해지고 있다는 주장은 어설픈 것일 수도 있다.

2 거친 야생에서의 탈출을 위한 과학 기술

다행히 1만 2000년 전에 농경과 목축이 시작되면서 인류의 삶은 급격하게 개선되었다. 만족스럽지는 않았지만 수렵 채취 시대보다 훨씬 더 안정적으로 식량을 확보할 수 있게 되었다. 맹수의 위협이나 자연재해가 압도하는 거칠고 위험한 야생의 삶에서 어느 정도는 벗어날 수 있게 되었지만, 자연은 여전히 두려운 존재일 수밖에 없었다. 막강한 영향력을 가진 주술사가 등장하게 된 것도 자연과 미래에 대한 두려움과 무관하지 않았다. 최초의 과학자였던 주술사들은 정확하고 정교하지는 않았지만 자연에 대한 남다른 관찰력을 이용해서 농업에 필요한 정보를 제공해 주고, 자연재해를 피할 수 있도록 해 주었다. 고대의 주술사들은 자신의 영향력을 과시하기 위해 어린아이나 짐승을 제물로 바치는 끔찍한 일도 마다하지 않았다. 현대의 문명 사회에서는 상상하기도 어려운 일이지만 도저히 감당할 수 없는 자연의 위협 앞에서 자신들의 생존을 지킬 수 있는 유일한 대안이었던 끔찍한 만행도 용납할 수밖에 없었다. 훗날 종교로 진화하게 된 원시 종교의 잔인한 풍속의 흔적은 전 세계의 거의 모든 곳에서 찾을 수 있고, 현대 문명의 혜택이 미치지 못한 지역에서는 아직도 그런 풍속이 남아 있다.

그렇다고 모든 사람들의 생활이 크게 나아진 것은 아니었다. 식량 생산량이 늘어나기는 했지만 대부분의 사람들은 여전히 굶주림에 시달려야만 했고, 집단생활의 결과로 치명적인 감염성 질병이 광범위하게 확산되기도 했다. 전염병의 파괴력은 고대 문명이나 국가를 흔적도 없이 사라지게 만들 정도로 엄청났다. 중세의 유럽을 강타했던 흑사병, 신대륙의 원주민을 심각하게 괴롭혔던 천연두, 1918년 겨울에 시작된 스페인 독감(인플루엔자)의 파괴력은 엄청난 것이었다. 20세기에 들어서서 전염병의 정확한 원인이 밝혀지고, 효율적인 위생 시설이 마련되기 전까지 지구 상의 거의 모든 사회는 해가 멀다 하고 찾아오는 전염병에 시달려야 했다. 대규모 사회가 형성된 후에도 인류의 삶은 크게 나아지지 않았다.

사회적 차별도 자연재해만큼이나 많은 사람들을 괴롭혔다. 주술사에서 시작되어 절대 왕권과 막강한 종교적 권력으로 이어진 사회 지배 계급에 의한 차별은 상상을 넘어선 것이었다. 민주주의가 처음 시작되었다고 하는 아테네의 경우에도 직접 민주주의에 참여할 수 있는 권리를 가진 '시민'은 전체 인구의 10퍼센트에 불과했고, 70퍼센트의 사람들은 인간으로서의 권리에 대한 개념조차 갖지 못했던 '노예'였다. 친환경·무공해·유기 농업일 수밖에 없었던 전통 농업의 낮은 생산성으로는 어쩔 수가 없었다. 전통 농업으로는 한 사람의 노동력으로 1.4명이 먹을 수 있는 식량을 생산하는 것이 고작이었다. 인구의 70퍼센트가 농사일에 매달려야만 했던 것도 그런 이유 때문이었다. 개인의 자유와 인권을 전제로 한 본격적인 민주주의가 출현하기 전까지는 전 세계의 어느 곳에서나 절대다수의 사람들이 아테네의 노예 수준을 벗어나지 못한 삶을 견뎌 내야만 했다.

환경 문제와 현대 과학 기술의 이중성

우리나라의 경우도 예외가 아니었다. 불과 200년 전까지만 해도 국민의 65퍼센트 이상이 성(姓)도 알 수 없는 노비였다. 그런 노비들은 제한적이기는 했지만 서양에서와 마찬가지로 상거래의 대상이 되기도 했고, 극단적인 차별의 대상이 되기도 했다. 오늘날 우리가 감탄하는 피라미드와 같은 거대한 유적들도 당시 사람들의 엄청난 희생에 의해 이룩된 것이다. 결국 우리가 오늘날 동경하는 과거 선조의 삶은 극히 일부의 지배 계급을 제외하면 평균적으로 보아서 참혹한 것이었다.

충분한 식량을 확보하는 일은 여전히 어려운 것이 현실이다. 자연환경이 극도로 나쁜 히말라야와 티베트 지역에서는 아직도 한 집안에서 태어나는 남자아이 두 명 중 한 명을 강제로 출가시켜야 하는 반인륜적인 관행이 남아 있다. 식량 확보에 걸림돌이 되는 인구 증가를 인위적으로 막아 보려는 노력으로 생겨난 관행이다.

자연과 함께했던 우리 선조의 어려웠던 삶은 지구 상의 인구 변화에서도 짐작할 수 있다. 1만여 년 전에 농경과 목축을 시작했을 때의 인구는 7000만 명 수준이었던 것으로 추정되고, 평균 수명은 17세에 불과했다. 프랑스의 한 마을 교회에는 중세 시대에 마을 여성이 첫아이를 출산하는 평균 연령이 당시 마을 사람들의 평균 수명보다 높았다는 기막힌 통계 자료도 남아 있다. 물론 영아 사망률이 지나치게 높았기 때문에 나타나는 통계의 결과였다. 지구 상의 인구는 5억 명을 넘지 못했고, 평균 수명은 40대를 넘지 못했으며, 영아 사망률은 70퍼센트를 넘는 것이 일반적이었다. '반타작'이라는 우리말이 그런 사실을 뜻하는 목적으로 사용되기도 했다.

우리의 생활이 근본적으로 달라지기 시작한 것은 산업 혁명이 시작된 이후부터였다. 19세기 말이 되면서 지구 상의 인구는 처음으로 10억 명을 넘어섰고, 오늘날에는 70억이라는 상상을 넘어서는 규모로 늘어났다. 인구만 늘어난 것이 아니다. 평균 수명도 70세를 넘어서게 되었다. 본격적인 산업화가 진행되었던 지난 60년 동안 우리나라도 비슷한 변화를 경험했다. 우리는 매 2년마다 평균 수명이 1년씩 늘어나는 기적을 직접 경험한 세대다.

그렇다고 우리 인류가 엄청난 자연의 위협으로부터 완전히 벗어난 것은 아니다. 1918년에 유행했던 스페인 독감은 세계적으로 최대 5000만 명이 넘는 사람들의 목숨을 앗아 갔다. 당시 3·1 운동을 앞두고 있던 우리나라에서도 수십만 명이 정체조차 알 수 없는 급성 괴질로 사망했다. 스페인 독감이 우리의 역사에 지울 수 없는 분명한 흔적을 남긴 것이다. 태풍과 지진, 해일 등에 의한 피해도 계속되고 있다. 과학의 발전 덕분에 보건 위생 환경이 놀랍게 개선된 오늘날에도 조류 독감과 같은 자연재해가 우리의 존재를 심각하게 위협하고 있는 것이 분명한 현실이다.

결국 과거 인류의 삶이 풍요롭지는 않았지만 안락하고 행복했다는 인식은 현실과 크게 다르다. 자연의 신비와 아름다움에 감동하면서 행복한 삶을 살았던 것은 극소수의 지배 계층 사람들뿐이었다. 과거에 대한 잘못된 환상은 지금까지 남아 있는 역사 기록에서 생겨난 것이다. 실제로 최소한의 인권과 자유도 보장받지 못한 상태에서 어렵고 고단한 삶을 살아야 했던 대다수 사람들의 이야기는 역사 기록에서조차 잊혀 버린 탓이다. 과거에는 모두가 나눠 가질 만큼의 물질

환경 문제와 현대 과학 기술의 이중성

적 풍요도 없었고, 인간은 누구나 존중받아야 하고 행복을 누릴 권리가 있다는 사회적 인식도 없었다. 인류가 자연환경과 더불어 행복한 생활을 했다는 우리의 인식은 과거 야생에서의 거칠고 위험한 삶에 대한 착각이고 환상일 뿐이다. 자유·인권·평등·박애를 기반으로 하는 현대적 의미의 민주 사회는 18세기 후반 프랑스 혁명의 핵심이었던 '인간과 시민의 권리를 위한 선언'에 이르러서야 등장했다.

4 현대 과학 기술의 이중성

우리는 흔히 고도로 발달한 현대의 과학 기술을 환경 문제를 악화시킨 핵심 요인으로 지목한다. 그런 현대의 과학 기술은 극도로 상반된 이중적 특성을 가지고 있다. 현대의 과학 기술은 인류 문명을 발전시킨 원동력이기도 하고, 현대 사회를 어렵게 만드는 환경과 사회 문제를 만들어 낸 원흉이기도 하다.

1 현대 과학 기술의 긍정적 가치

'과학 기술'에는 세 가지 중요한 가치가 포함되어 있다. 첫째는 자연의 정체와 운행에 대한 호기심에서 찾아낸 '과학 지식'이다. 우리가 흔히 '과학'이라고 부르는 과학 지식은 '우리는 어디에서 어떻게 살고 있는 누구인가?'라는 궁극적인 질문을 해결하기 위한 노력의 결과이고, 인류 문명의 품격을 결정하는 요소이기도 하다. 과학 지식은 자연의 정체를 누구나 이해할 수 있도록 해 줌으로써 인간을 인간답게 살 수 있도록 해 주었다. 오늘날의 과학이 특별히 어려워진 것은 아니다. 전문가가 아닌 일반인에게 복잡한 자연 현상을 체계적이고 논리적으로 설명해 주는 과학 지식은 언제나 어려운 것이었다. 다만 현재의 첨단 과학으로 설명하는 자연 현상이 일반인들이 직접적인 경험으로 확인할 수 있는 것이 아니기 때문에 더욱 어렵게 느껴지는 것은 사실이다.

둘째는 과학 지식을 기반으로 개발된 '과학적 기술'이다. 본래 자연을 우리의 편익과 생존에 활용하기 위해 개발된 '기술'은 과학 지식과 아무 상관이 없는 것이었다. 거듭된 실패에서 우연하게 확보한 기술은 우리가 인간으로서 자연 생태계에서 우뚝 설 수 있도록 해 주었다. 오늘날 기술은 고도로 발달한 과학 지식을 적극적으로 활용함으로써 더욱 높은 수준으로 발전하게 되었다. 더욱이 현대의 과학적 기술은 그 영향력이 크게 확장된 것이 사실이다. 과거의 기술은 소수의 지배자들이 독점하였고, 활용 범위가 지극히 제한적이었다. 그러나 현대의 기술은 누구나 활용하고, 혜택을 즐길 수 있게 되었다. 현대의 과학적 기술의 부작용이 심각하게 느껴지는 것도 기술의 일상화·보편화와 무관하지 않다.

셋째로 과학 기술에는 과학 지식과 과학적 기술을 높은 수준으로 발전시키도록 만들어 준 '과학 정신(scientific spirit)'도 포함되어 있다. 현대의 과학 기술은 17세기 중반에 유럽에서 시작된 과학적 사고 방식에 의해 본격적으로 발전하기 시작했다. 과학 정신의 출발은 확실하게 통제된 상황에서 수집된 객관적 증거를 정직하게 인정하는 것이다. 증거에 대한 자의적인 해석은 철저하게 배척된다. 또한 객관적

환경 문제와 현대 과학 기술의 이중성

증거에 대한 개방적·비판적·합리적·민주적(탈권위적) 소통은 과학 정신의 확산을 가능하게 한 핵심 가치였다. 그런 뜻에서 과학 정신을 기반으로 하는 현대의 과학 기술은 민주화와 다원화를 특징으로 하는 현대 민주 사회에서 절박하게 요구되는 사회 통합을 촉진하는 가장 중요하고 효율적인 수단이 될 수 있다.

우리의 미래 사회가 과학 기술을 중심으로 운영될 수밖에 없는 것도 현대 과학 기술의 세 가지 가치가 모두 우리가 절대 외면할 수 없는 핵심이기 때문이다.

2 현대 과학 기술의 부작용

무엇이든 지나치면 문제가 된다. 현대 과학 기술도 예외일 수 없다. 앞서 말한 세 가지 긍정적인 가치에도 불구하고, 현대 과학 기술이 심각한 부작용을 초래한 것은 사실이다. 그러나 과학 기술이 낳은 결과를 무작정 부정적으로만 평가하기는 어렵다. 특히 환경 문제의 가장 직접적인 원인이라고 할 수 있는 인구의 증가, 수명의 연장, 풍요·건강·안전·평등·자유를 기반으로 하는 삶의 질 개선이 모두 현대 과학 기술의 직접적인 산물이다. 다만 우리가 적극적으로 추구해 왔던 과학 기술의 성과마저도 이제는 '과학 기술의 부작용'으로 인식되고 있는 것은 매우 안타까운 일이다.

과학 기술을 활용하는 우리의 자세에도 문제가 있었다. 과학 기술의 효용성에만 집착하는 사이에 그 효용성이 극도로 제한적이라는 사실을 정확하게 인식하지 못했다. 오늘날 과학 기술의 '오남용' 또는 '불확실성'으로 지적되는 문제가 사실은 과학 기술의 한계를 무시한 결과였다. 자연이 우리가 기대했던 것보다 훨씬 더 복잡하게 연결되어 있고, 열역학적 평형(平衡)에서 멀리 떨어진 복잡계라는 사실도 과학 기술의 부작용을 증폭시킨 요인이었다.

5 지속 가능한 발전을 향한 새로운 과학 기술의 역할

정체를 알 수도 없으면서 감당하기 어려울 정도로 거칠고 위협적인 야생에서의 삶을 개선하기 위한 인간의 노력은 최근까지 엄청난 성과를 거둔 것이 분명했다. 자연에서 나타나는 규칙적인 변화의 정체를 밝혀내고, 생명의 신비를 파악해서 '과연 우리는 어디에서 어떻게 살고 있는 누구인가?'라는 궁극적인 의문을 해결하려는 '과학'과 야생의 거친 삶 속에서 우리의 생존 확률을 높이기 위해 개발된 '기술' 덕분에 이룩한 성과였다. 결과는 놀라웠다. 자연과 더불어 살았던 수렵 채취 시대보다 인구가 100배나 늘어나고, 평균 수명도 4배 이상 늘어났다. 그러나 가장 중요한 성과는 우리 인류가 역사상 가장 높은 수준의 풍요와 건강과 안전과 함께 평등과 자유를 스스로 보장할 수 있는 능력을 갖추게 되었다는 것이다. 물론 아직도 해결하지 못한 복잡한 사회 문제가 남아 있는 것은 사실이다.

그러나 우리가 이룩한 화려한 성과에 가려져 있던 부작용이 심각한 모습을 드러내기 시작했다. 오늘날 우리의 생존까지 위협하는 가장 심각한 과제로 알려진 환경 문제가 바로 그런 부작용의 핵심이다.

환경 문제와 현대 과학 기술의 이중성

그렇다고 지금까지의 모든 성과를 포기하고 수렵 채취 시대의 자연으로 돌아가는 것은 바람직하지도 않고 가능하지도 않은 일이다. 산업화와 정보화 기술을 포기하고 1만 2000년 전에 시작했던 농경과 목축의 시대로 회귀하는 것조차 용납할 수 없는 일이다.

우리의 욕심을 버리고 절제와 절약을 생활화해야 한다는 상식적인 주장이 상당한 설득력을 발휘하고 있는 것은 사실이다. 물론 절제와 절약을 강조하고, 불필요한 낭비를 억제해야 한다는 당위적 주장을 거부할 이유는 없다. 그러나 절제와 절약을 강조하는 주장은 수도자에게나 적용할 수 있는 공허한 구두선으로 끝나 버릴 가능성이 매우 크다. 과연 환경 문제의 해결을 위해 어느 정도의 절제와 어느 수준의 절약이 필요한 것인지를 정확하게 파악할 수 있는 방법이 없기 때문이다. 환경 문제가 아무리 심각해도 국민 소득 2만 달러 시대를 경험한 우리에게 국민 소득 2000달러 수준의 절제와 절약을 요구할 수는 없는 일이다.

결국 우리가 선택할 수 있는 길은 오로지 하나뿐이다. 심각한 부작용을 드러냈다는 이유로 현대의 과학과 기술을 포기할 수는 없다. 오히려 더욱 적극적인 자세로 우리가 이룩한 과학적 지식과 어렵게 확보한 기술을 바탕으로 미래를 향해 뚜벅뚜벅 나아갈 수밖에는 다른 도리가 없다. 허울뿐인 친생명·친자연·녹색주의의 화려한 구호에 현혹되어 우리가 이룩한 성과와 우리가 개척해야 할 미래를 포기해 버릴 수는 없다. 물론 심각한 부작용을 애써 무시해 버리는 몰지각한 과학 기술 만능주의는 철저하게 경계해야 한다.

1 지속 가능한 녹색 화학

지금까지 인류가 이룩한 놀라운 발전의 핵심에는 화학을 중심으로 물질을 변환시키는 기술이 있었다. 우리의 수명이 늘어나고 삶의 질이 향상된 것도 그런 화학 기술의 성과였다. 비록 완전하지는 못했지만 70억 명의 인구가 충분히 먹을 수 있는 식량을 생산할 수 있는 현실적인 방법도 제공해 주었고, 감염성 질병의 확산을 막아 주는 위생 환경을 가능하게 했고, 합성 염료와 섬유의 개발을 통해 끔찍한 신분 차별의 철폐에도 크게 기여했다. 실제로 지구 상에서 우리의 생활은 화학적 변환에 의해 유지되고 있다고 해도 크게 틀리지 않다.

그렇다고 문제가 전혀 없었던 것은 아니었다. 무분별한 자원과 에너지의 낭비로 자연 자원은 고갈의 위기에 놓이게 되었고, 엄청난 양의 유해 폐기물이 발생했으며, 우리의 삶이 지구의 순환 과정에 심각한 영향을 미치는 상황이 벌어졌다. 오늘날 우리 몸에 들어 있는 질소와 황 원자의 절반 이상이 화학 공장을 거쳐 왔고, 대부분의 탄소, 산소, 수소도 인공적인 농업이나 식품 제조 공정을 거쳐서 들어온 것이다. 이제 자원의 고갈과 환경의 훼손은 더 이상 두고 볼 수 없는 지경에 이르게 된 것은 분명하다.

결국 우리가 선택할 수 있는 유일한 길은 고갈 위기에 있는 자연 자원을 활용하는 효율성을 높이면서, 동시에 그 과정에서 발생하는 자연환경에 대한 피해를 최소화하는 '지속 가능한 녹색 화학(sustainable green chemistry)'을 추구하는 것이다. 자연 자원 활용의 효율성을 높이기 위한 한 방법은 '원자 경제성(atomic economy)'을 고려하는 것이다. 지금까지 화학적 합성의 효율은 주로 전통적인 수득률을 근거로 판단해 왔다. 수득률은 반응 물질에서 이론적으로 얻을 수 있는 생성 물질의 양과 실제로 합성에서 얻어지는 생성 물질의 양의 비(比)만으로 정의되고, 합성의 과정에서 불가피하게 만들어지는 부산물의 양은 전혀 고려하지 않는다. 단순한 수득률 대신에 원자 경제성을 근거로 합성의 효율을 판단하게 되면 부산물로 버려지는 자원을 절약할 수 있을 뿐만 아니라 부산물을 적절하게 폐기하는 데 드는 비용도 절감할 수 있다.

화학 물질이 환경에 미치는 영향은 쉽게 평가하기 어렵다. 우리가 해결해야 하는 과제는 위험성을 완전히 제거하는 것이 아니라 우리 사회가 허용할 수 있는 수준 이하로 낮추는 것이다. 과학적 사실을 근거로 비교적 객관적으로 판단할 수 있는 위험성의 평가는 화학 물질의 '유해성(독성)'과 그런 물질의 '노출량'에 의해서 결정된다. 위험성을 낮추는 전통적인 방법은 노출량을 줄이는 것이었다. 유해성이 일정한 화학 물질에 대한 노출량을 줄이면 위험성도 비례해서 줄어들게 된다. 따라서 노출 규제의 현실적인 효율과 유해성 자료를 정확하게 파악할 수만 있다면 위험성을 허용 수준 이하로 감소시킬 수가 있다. 그러나 이제는 화학 물질의 유해성을 감소시키는 일에 더 많은 노력이 필요하다. 노출량 규제는 부분적 또는 일시적으로는 가능하더라도 실패의 가능성 역시 매우 높으며, 특히 유해성이 만성적이거나 인체 또는 환경에서 다른 화학 물질과 시너지 효과를 나타낼 경우에는 심각한 문제로 발전할 가능성이 높고, 노출량 규제에 사용되는 보호 장비가 완벽할 수 없기도 하다. 그러나 화학 물질의 유해성 자체를 감소시키면 노출량 규제의 경우와는 달리 위험성은 반드

시 줄어들게 되고, 따라서 노출량 규제에 필요한 경제적 낭비를 줄일
수 있다.

2 집단 지성과 과학 정신이 필요하다

현대 인류의 지속적인 발전을 가로막고 있는 장애 요인은 수없이
많다. 환경만 문제가 되는 것이 아니다. 인구의 급격한 증가와 노령
화, 자원과 에너지의 고갈, 식량 증산의 어려움을 비롯해 인류의 미래
를 위해서 우리가 반드시 확보해야 하는 기술은 수를 헤아릴 수도 없
을 정도로 다양하고 많다. 더욱이 그런 기술의 개발 전망이 밝은 것도
아니다. 현재의 기술 수준에서는 감히 상상하기도 어려운 난제 중의
난제들이다. 그런 입장에서 전망한 우리의 미래는 절망적이고 종말
론적이라고 해도 크게 틀리지 않을 것이다.

그렇다고 우리의 미래를 비관적으로만 볼 일은 아니다. 우리에
게는 다른 짐승에게서는 찾아볼 수 없는 정말 탁월하고 별난 능력
이 있기 때문이다. 우리 인간은 아득한 옛날 어느 순간에 '집단 지성
(collective intelligence)'의 놀라운 가치를 깨달았다. 돌도끼를 만들 때
도 서로 다른 능력을 가진 사람들이 모여서 아이디어를 합치면 한 사
람이 만든 것보다 훨씬 더 나은 것을 훨씬 더 많이 만들 수 있다는 사
실을 깨닫게 되었다. 부분의 합이 전체보다 커질 수도 있다는 놀라운
사실을 알아차린 것이다. 낯선 상대를 신뢰하는 본능적인 자질이 '분
업'과 '전문화'를 통한 집단 지성의 원동력이 됐다. 그것이 바로 인류
가 이룩한 번영의 출발이었다. 집단 지성이 다시 한 번 환경의 문제
를 극복하고 새로운 도약의 길로 이끌어 줄 것이라는 낙관적인 기대

환경 문제와 현대 과학 기술의 이중성

를 포기할 이유는 결코 없다. 물론 반드시 그렇게 될 것이라는 보장은 없다. 그렇다고 과학 기술을 포함한 모든 것을 포기하고 자연으로 회귀하자는 맹목적인 자연주의는 우리의 능력에 대한 희망을 버리자는 지극히 패배주의적인 것이고, 자칫 과학 기술 만능주의보다 더 위험한 것일 수도 있다.

지난 400여 년 동안 과학의 눈부신 발전을 가능하게 해 주었던 '과학 정신'에 대한 새로운 인식도 필요하다. 과학 정신은 합리적이고 비판적인 사고방식을 말한다. 객관적 증거에 대한 정직성, 합리성, 개방성, 민주성, 비판성이 그 핵심이다. 그런 과학 정신은 자연에 대한 탐구 과정에서 자연스럽게 체득된 소통의 가장 중요한 기반이기도 하다. 물론 왜곡된 증거를 가려내고, 합리성을 가장한 경직된 교조주의를 배척하고, 비판만을 위한 비판과 폐쇄적 이기주의를 용납하지 않는 사회 환경이 전제되어야만 그 힘이 발휘된다.

집단 지성과 과학 정신을 기반으로 미래 사회가 요구하는 새로운 과학을 적극적으로 개발해야 한다. 지금까지 과학의 가장 중요한 사회적 목표는 새로운 기술의 개발을 통한 성장 동력 창출이었다. 그러나 이제는 달라져야 한다. 파편화된 과학 지식이나 사회적·환경적 부작용에 대한 고민이 담겨 있지 않은 과학 지식은 더 이상 설 자리가 없다. 과학이 사회의 분열과 갈등을 해소하는 소통의 기반이 되어야 하고, 환경 문제를 넘어서 복잡한 사회 문제를 해결하는 원동력이 되어야 한다. 인문학적 상상력과 과학적 합리주의의 '융합'에 대한 우리 사회의 강력한 요구가 바로 새로운 목표의 설정이 필요하다는 뜻이라는 점을 분명하게 인식해야만 한다. 현대 사회가 직면하고 있는 문제의 해결을 위해서는 과학과 기술을 더욱 적극적으로 활용하는 지혜가 필요하다.

과학 기술이 모든 문제를 해결해 줄 것이라는 기대는 당연히 환상이다. 그러나 과학 기술을 포기하면 모든 문제가 해결될 것이라는 기대도 역시 비현실적인 환상이다. 우리가 직면한 환경 문제는 인간과 생명의 가치에 대한 인문학적 성찰과 우리의 생존에 가해지는 위험을 극복하기 위해 필요한 과학적 합리주의의 적절한 융합을 통해서만 해결할 수 있는 것이다.

6 결론

환경 문제를 해결하기 위한 적극적인 노력이 필요한 것은 사실이다. 지나친 욕심을 절제하고 절약을 생활화하기 위한 노력이 환경 문제 해결의 출발점이 될 수는 있다. 그러나 오늘날의 환경 문제는 소극적인 절제와 절약만으로 해결하기에는 문제가 지나치게 심각하고 광범위한 수준이다. 현대의 과학 기술이 환경 문제의 직접적인 원인이라는 인식에 대해서는 심각한 고민이 필요하다. 우리가 환경에 대해 충분한 관심을 기울이지 못하고 과학 기술의 혜택을 누리는 일에만 집착했던 탓에 환경 문제가 필요 이상으로 심각해진 것은 인정할 수밖에 없지만, 과학 기술을 포기하면 환경 문제가 해결될 것이라는 순진하고 낭만적인 기대는 비현실적인 것이다.

우리는 어쩔 수 없이 인간 중심적인 입장에서 환경 문제를 인식

환경 문제와 현대 과학 기술의 이중성

하고 해결할 수밖에 없다. 인간의 생존이 보장되지 않는 환경 문제 해결은 아무런 의미가 없다는 사실을 분명하게 인식해야 한다. 우리의 지속적인 생존을 목표로 하는 환경 문제 해결의 핵심은 어쩔 수 없이 우리 스스로의 역량과 자발적인 노력으로 확보한 과학 기술이 될 수밖에 없다. 자연이 우리의 생존을 보장해 줄 것이라는 비현실적인 기대는 버려야 한다. 특히 다원화·민주화된 현대 사회에서는 과학 기술의 진정한 가치와 의미를 공유하여 인류 전체의 집단 지성을 극대화해 주는 과학 정신을 새로운 시대 정신으로 정착시켜야 한다. 인류의 생존과 문명의 출현을 가능하게 한 화학적 변환에서 불가피하게 발생하는 부작용을 최소화하는, 지속 가능한 녹색 화학을 위한 노력도 중요하다.

머리말: 자연과 물질과 인간의 삶

1 Hans Jonas, *The Imperative of Responsibility: In Search of an Ethics for the Technological Age*(University of Chicago Press, 1985) 참조.

1 시장과 국가 그리고 생활 세계

1 다음 두 문헌 참조. 새뮤얼 헌팅턴, 「문화는 정말 중요하다」, 새뮤얼 헌팅턴·로렌스 해리슨 엮음, 이종인 옮김, 『문화가 중요하다』(서울: 김영사, 2001); 마이클 포터, 「태도, 가치, 신념, 그리고 번영의 미시경제학」, 앞의 책.
2 새뮤얼 헌팅턴, 앞의 글.
3 앞의 글.
4 Anatol Kaletsky, *Capitalism 4.0*(New York: Public Affairs, 2010), Chapter 3.
5 데이비드 랑드, 「문화가 결정적 차이를 만들어 낸다」, 새뮤얼 헌팅턴·로렌스 해리슨 엮음, 앞의 책.
6 루시안 파이, 「아시아적 가치: 발전기에서 도미노로?」, 앞의 책.
7 토론에서 최창집 교수가 이 점을 분명하게 지적하였다.
8 로렌스 해리슨, 「문화는 왜 중요한가」, 새뮤얼 헌팅턴·로렌스 해리슨 엮음, 앞의 책.
9 앞의 글.
10 데이비드 랑드, 앞의 글.
11 로널드 잉글하트, 「문화와 민주주의」, 새뮤얼 헌팅턴·로렌스 해리슨 엮음, 앞의 책.
12 리처드 슈웨더, 「도덕적 지도, 제1세계의 자부심, 새로운 복음 전도사」, 앞의 책.
13 T. L. Friedman, *Hot, Flat, and Crowded*(New York: Farrar, Straus and Giroux,

2006), p. 29.

14 전상인, 「2030 서울플랜의 인문/사회과학적 비전」, 서울시 주최, 서울연구원 주관, 제1회 서울플랜 토론 한마당(2012. 8. 31, 서울시청 후생동 대강당).

15 로버트 에저튼, 「전통적인 믿음과 관습들: 어떤 것은 다른 것보다 더 나은가?」, 새뮤얼 헌팅턴·로렌스 해리슨 엮음, 앞의 책.

16 토머스 웨이스너, 「사하라 남부 아프리카의 문화와 유년기의 진보」, 앞의 책.

17 이에 대한 자세한 논의는 이정전, 『우리는 행복한가』(서울: 한길사, 2008) 참조.

18 이에 대한 자세한 내용은 다음 문헌 이정전, 『행복도시』, 서울연구원 미래서울 연구총서 제1권(서울: 도서출판한울, 2013) 참조.

19 R. E. Lane, The Loss of Happiness in Market Democracies(New Haven: Yale University Press, 2000).

20 베버는 이런 변화를 경제가 사회에 복속하던 단계로부터 경제가 사회를 지배하는 단계로 넘어가는 신호탄으로 묘사하였다. 그는 자본주의 사회에 있어서 인간관계는 이기심의 지배라기보다는 합리적 계산, 즉 자발적 애정을 비웃는 합리성의 지배라고 보았다.

21 한국기독교언론포럼이 2012년 11월 22일 한국프레스센터 '열린 토론마당 심포지엄'에서 발표한 여론 조사 결과.

22 로렌스 해리슨, 앞의 글.

23 조지프 스티글리츠, 이순희 옮김, 『불평등의 대가』(경기도 파주: 열린책들, 2013).

24 Thomas Piketty, Capital in the Twenty-First Century, Arthur Goldhammer (trans.) (Cambridge, Mass: Harvard University Press, 2014).

25 Anthorny Downs, An Economic Theory of Democracy(New York: Harper & Row Publishers, 1957).

26 브라이언 캐플란, 이현우·김행범·황수연·이성규 옮김, 『합리적 투표자에 대한 미신』(서울: 북코리아, 2008).

27 예를 들면, 2014년 6월 21일 고려대학교에서 '한국 사회와 민주주의 위기'라는 주제를 놓고 철학연구회와 한국정치사상학회가 공동으로 세미나를 개최했는데, 이 학술 토론회에서도 여러 발제자들이 세월호 대참사와 관련해서 한국 민주주의의 위기를 언급했다.

28 이에 관한 구체적 내용은 가이 스탠딩, 김태호 옮김, 『프레카리아트: 새로운 위험한 계급』(서울: 박종철출판사, 2014)을 참조.

29 최일성, 「국민국가적 민주주의의 위기와 한계: 자유주의 전통의 '책임 전가' 문제를 중심으로」, 철학연구회와 한국정치사상학회 주최, 한국 사회와 민주주의 위기(2014. 6. 21,

고려대학교 안암캠퍼스).

30 장은주, 「한국 민주주의 위기와 시민을 위한 교육: '민주적 사회 통합'을 위한 민주 시민 교육의 원칙에 관한 모색」, 철학연구회와 한국정치사상학회 주최, 한국 사회와 민주주의 위기(2014. 6. 21, 고려대학교 안암캠퍼스).

31 파리드 자카리아, 나상원·이규정 옮김, 『자유의 미래』(서울:민음사, 2004), 194쪽.

32 시모어 립셋·개브리얼 렌즈, 「부패, 문화, 그리고 시장」, 새뮤얼 헌팅턴·로렌스 해리슨 엮음, 앞의 책.

33 C. K. Rowley, *Democracy and Public Choice*(Oxford, UK: Basil Blackwell Inc., 1987).

34 한국기독교언론포럼, 「국민행복/힐링 관련 전 국민 여론조사 보고서」(2012).

35 김남두, 「플라톤의 정의 규정고(考): 국가편 Ⅳ를 중심으로」, 『희랍철학연구』(서울: 종로서적, 1988).

36 "우리의 삶은 점점 상품화되고 공익과 영리의 경계선은 점점 허물어져 간다."라는 말과 함께, "상업 영역이 문화 영역을 삼키기 시작하면 사회적 토대가 허물어지기 시작한다. 문화 영역과 상업 영역의 적절한 균형을 회복하는 것은 어쩌면 이 시대가 해결해야 할 가장 어려운 과제인지도 모른다."라는 리프킨 교수의 경고를 여기에서 다시 한 번 상기할 필요가 있다. 제러미 리프킨, 이희재 옮김, 『소유의 종말』(서울: 민음사, 2000) 참조.

37 그러나 체계와 생활 세계를 이분법적으로 대립시킨 하버마스의 구도는 도구적 합리성의 횡포를 고발하는 데에는 적합하지만, 경제 영역의 팽창을 등에 업은 시장 원리의 보이지 않는 횡포를 콕 집어내서 고발하기에는 미흡하다. 이에 관한 자세한 논의는 이정전, 『시장은 정의로운가』(서울: 김영사, 2012) 참조.

38 장은주, 앞의 글.

39 J. Habermas, *Toward a Rational Society*(London: Heinemann Educational Books, 1971).

40 이런 점을 구체적으로 지적해 준 김상환 교수에게 감사드린다.

41 최일성, 앞의 글.

42 Anatol Kaletsky, op. cit, Chapter1.

2 '뫼비우스의 띠'로 엮인 주체와 객체

1 주돈이의 태극도와 『태극도설』은 다음 문헌들에 잘 소개되어 있다. 주희·여조겸, 정영호 편역, 『근사록(近思錄)』(자유문고, 1991); 이황, 조남국 옮김, 『성학십도(聖學十圖)』(교육 과학사, 1986).

2 『태극도설』의 전문은 다음과 같다. "無極而太極 太極動而生陽 動極而靜 靜而生陰 靜極 復動 一動一靜 互爲其根 分陰分陽 兩儀立焉 陽變陰合 而生水火木金土 五氣順布 四時 行焉 五行一陰陽也 陰陽一太極也 太極本無極也 五行之生也 各一其性 無極之眞 二五 之精妙合而凝 乾道成男 坤道成女 二氣交感 化生萬物 萬物生生而變化無窮焉 惟人也 得其秀而最靈 形旣生矣 神發知矣 五性感動 而善惡分 萬事出矣 聖人定之以中正仁義 而主靜立人極焉 故聖人與天地合其德 日月合其明 四時合其序 鬼神合其吉凶 君子修之 吉 小人悖之凶 故曰立天之道 曰陰與陽 立地之道 曰柔與剛 立人之道 曰仁與義 又曰原 始反終 故知死生之說 大哉易也 斯其至矣"

3 이황, 앞의 책.

4 '정교성'은 흔히 말하는 엔트로피에 마이너스(−) 부호를 붙인 양, 곧 부(負) 엔트로피를 말한다.

5 장회익, 『과학과 메타과학』(서울: 현암사, 2012); 장회익, 『생명을 어떻게 이해할까』(서 울: 한울, 2014) 참조.

6 자체 촉매적 국소 질서의 구체적 모형에 대해서는 장회익, 『생명을 어떻게 이해할까』, 171~175쪽 참조.

7 여기서 거의 무제한의 기간이라고 한 것은 개별 자체 촉매적 국소 질서의 수명에 대한 상대적 개념이며, 현실적으로는 바탕 질서의 여건 변화에 따라 유한한 기간 이후에는 자체 촉매적 기능을 상실하여 결국 소멸되고 만다.

8 부분계 A와 B로 구성된 하나의 계 (A+B)가 있어서, (A+B)의 정교성이 각 부분계의 정교성의 합보다 월등히 클 때, 즉 $D(A+B) \gg D(A)+D(B)$ 의 관계가 성립할 때, 계 (A+B)는 복합 질서를 이룬다고 한다.

9 열역학 제2법칙에 따르면, 이 체계 안에 상대적으로 뜨거운 부분(온도: T_1)이 있고 상대적으로 차가운 부분(온도: T_2)이 있어서 뜨거운 부분에서 일정한 에너지 ΔE가 차가운 부분으로 전달될 때, 차가운 부분에서는 부등식 $\Delta F \leq \Delta E(1-T_2/T_1)$ 을 만족하는 범위 안에서 자유에너지 ΔF를 얻는 것이 허용된다. 장회익, 『과학과 메타과학』, 237쪽.

10 장회익, 『생명을 어떻게 이해할까』; Ed Regis, *What is Life*(New York: Oxford

University Press, 2008) 참조.

11 예를 들어 루이스미라소와 모레노는 최근 생명의 정의를 다음과 같이 제시하고 있다. "생명은 자기 복제하는 자율적 행위자들의 복잡한 네트워크로서, 그 행위자들의 기본 짜임은 총체적 네트워크가 진화하는 열린 역사적 과정을 통해 생성되는 물질적 기록들의 지시를 받는다."(Kapa Ruiz-Mirazo and Alvaro Moreno, "The Need for a Universal Definition of Life in Twenty-first-century Biology", Georgy Terzis and Robert Arp (eds.), *Information and Living Systems: Philosophical and Scientific Perspectives*(MIT Press, 2011))

12 Hwe Ik Zhang, "The Units of Life: Global and Individual", Paper presented at Philosophy of Science Conference in Dubrovnik(1988). 장회익, 『과학과 메타과학』에 재수록; Hwe Ik Zhang, "Humanity in the World of Life", *Zygon: Journal of Religion and Science*, no. 24(December 1989), pp. 447~456 참조.

13 여기서 보생명을 우주의 모든 것으로 확대해야 한다는 주장도 있을 수 있다. 예를 들어 지구의 구성 물질이 더 오래전에 있었던 초신성의 폭발에서 유래한 것이라면 이것 또한 보생명의 범주에 포함시켜야 한다는 주장이다. 그러나 이것은 생명의 출현 이전에 나타난 우주 물질의 소재에 관한 문제이므로 이것은 우주의 보편적 존재 양상의 일부로 간주할 수 있다. 예컨대 '별'의 의미를 규정할 때 핵융합 반응의 출발을 기점으로 이를 이어 나갈 자족적 체계에 국한하는 것이 적절한 이유와 같다. 만일 그 소재의 근원까지 포함해야 한다면 별과 빅뱅을 구분해 낼 방법이 없다.

3 일반적 관계와 한국적 위상

1 C. Day Lewis, *Poetry for You*(London: Basil Blackwell, 1961), p. 10.

2 W. B. Yeats, *The Collected Works*, Vol. I (Stratford-on-Avon: Shakespeare Head Press), p. 33.

3 미셸 드 몽테뉴, 손우성 옮김, 『몽테뉴 수상록』(을유문화사, 1965), 2권 12장, 205쪽.

4 앞의 책, 1권 27장, 280쪽.

5 앞의 책, 3권 2장, 25쪽.

6 앞의 책, 3권 3장, 50쪽.

7 Theodor W. Adorno, "Der Essay als Form", *Noten zur Literatur I*(Frankfurt am

Main: Suhrkamp, 1958), p. 36.

8 Johannes Itten, *Design and Form*, Fred Bradley (trans.) (London: Thames and Hudson, 1975), p. 13.

9 유영모, 『노자 에세이』(무애, 1992), 82쪽.

10 Johannes Itten, op. cit, p. 98.

11 Alfred North Whitehead, *Science and the Modern World*(New York: The Free Press, 1953), p. 200.

12 『이퇴계전집 하』(퇴계학연구원, 1975), 「자성록」, 321쪽. "心氣之患, 正緣察理未透, 而鑿空以强探, 操心昧方, 而揠苗以助長, 不覺勞心極力以至此, 此亦初學之通患. 雖晦翁先生, 初間亦不無此患. 若旣知其如此, 能旋改之, 則無復爲患, 惟不能早知而速改, 其患遂成矣. 滉平生病源, 皆在於此, 今則心患不至如前, 而他病已甚, 年老故耳. 如公靑年盛氣, 苟亟改其初, 攝養有道, 何終苦之有, 又何他證之干乎. 大抵公前日爲學, 窮理太涉於幽深玄妙, 力行未免於矜持緊急, 强探助長, 病根已成, 適復加之以禍患, 馴致深重, 豈不可慮哉. 其治藥之方, 公所自曉. 第一須先將世間窮通得失榮辱利害, 一切置之度外, 不以累於靈臺, 旣辦得此心, 則所患蓋已五七分休歇矣. 如是而凡日用之間, 少酬酌節嗜慾, 虛閑恬愉以消遣, 至如圖書花草之玩, 溪山魚鳥之樂, 苟可以娛意適情者, 不厭其常接, 使心氣常在順境中, 無咈亂以生嗔恚, 是爲要法. 看書勿至勞心, 切忌多看, 但隨意而悅其味. 窮理須就日用平易明白處, 看破敦熟. 優游涵泳, 於其所已知, 惟非着意非不着意之間, 照管勿忘, 積之久久, 自然融會而有得. 尤不可執捉制縛, 以取其速驗也."

13 앞의 책, 「이퇴계서초(李退溪書抄)」권4, 77쪽. "滉讀書之拙法, 凡聖賢言義理處, 顯則其顯而求之, 不敢輕索之於微, 微則從其微而究之, 不敢輕推之於顯, 淺則因其淺, 不敢鑿而深, 深則就其深, 不敢止於淺, 分開說處, 作分開看, 而不害有渾淪, 渾淪說處, 作渾淪看, 而不害有分開, 不以私意, 左牽右掣, 合分開而作渾淪, 離渾淪而作分開. 如此久久, 自然漸覰, 其有井井不容紊處, 漸見得 聖賢之言 橫說竪說, 各有攸當不相妨礙處. 其或以是自爲說, 則亦庶幾不戾於義理素定之本分. 如遇見差處說差處, 因人指點, 或自覺悟, 而隨手改定, 亦自快愜. 何能一有所見, 遽執己意, 不容他人一喙耶? 又何得於聖賢之言, 同於己者, 則取之, 不同於己者 則或强之以爲同, 或斥之以爲非耶? 苟如此, 雖使當時擧天下之人, 無能與我抗其是非者, 千萬世之下, 安知不有聖賢者出, 指出我瑕隙, 覰破我隱病乎? 此君子之所以汲汲然遜志察言, 服義從善, 而不敢爲一時蘄勝一人計耶."

14 앞의 책, 「자성록」, 329쪽. "淸而安流, 水之性也. 其過泥滓而汗濁, 遇險而波濤洶洶, 非其性也. 然不可不謂之水, 特所値者異耳."

15 『연암집』(경인문화사, 1974), 345쪽. 이하 본문의 괄호 안에 면수만 밝히기로 한다.

16 앞의 책, 「답경지(答京之)」 지2(之二), 92쪽. "讀書精勤, 孰與庖犧? 其神精意態, 佈羅六合, 散在萬物, 是特不字不書之文耳. 後世號勤讀書者, 以蠹心淺識, 蒿目於枯墨爛楮之間, 討掇其蟫溺鼠渤, 是所謂哺糟醨而醉欲死. 豈不哀哉? 彼空裡飛鳴, 何等生意? 而寂寞以一鳥字抹摋, 沒郤彩色, 遺落容聲. 奚异乎社邨翁杖頭之物耶? 或復嫌其道常, 思變輕淸, 換箇禽字, 此讀書作文者之過也. 朝起, 綠樹蔭庭, 時鳥鳴嚶, 擧扇拍案, 胡呌曰, 是吾飛去飛來之字, 相鳴相和之書. 五采之謂文章, 則文章莫過於此. 今日僕讀書矣."

17 앞의 책, 「답창애(答蒼厓)」 지3(之三), 93쪽. "里中孺子, 爲授千字文, 呵其厭讀, 曰, 視天蒼蒼, 天字不碧, 是以厭耳. 此兒聰明, 餒煞蒼頡."

18 앞의 책, 「상기(象記)」, 271쪽. "夫象猶目見, 而其理之不可知者, 如此, 則又況天下之物, 萬倍於象者乎? 故聖人作易, 取象而著之者, 所以窮萬物之變也歟!"

4 자연·인간 공동체·도시

1 『논어(論語)』「헌문(憲問)」.

2 http://upload.wikimedia.org/wikipedia/commons/3/30/Chiesa_di_San_Barnaba_-_Venezia.jpg(위), http://upload.wikimedia.org/wikipedia/commons/2/23/Venice_-_Campo_S._Maria_Formosa_and_Malipiero's_Palace.jpg(아래)

3 http://pictures.abebooks.com/EMILIANA/14135320604.jpg

4 http://medicompr.co.kr

5 http://goldworm.net/xe/free/64682

6 http://www.panoramio.com/photo/14773511

7 http://www.mosevenezia.eu

8 앞의 페이지.

9 앞의 페이지.

5 환경 문제와 현대 과학 기술의 이중성

1   한국어판은 레이첼 카슨, 김은령 옮김, 『침묵의 봄』(에코리브르, 2011).

2   《디지털타임스》 2012년 11월 15일자에 게재된 '이덕환의 과학 칼럼'의 내용을 수정·
      보완한 것이다.

3   「과학 기술 시대의 인간, 과연 우리는 더 행복한가?」, 학술단체연합회 포럼(2005. 12.
      2)에서 발췌하고, 수정·보완한 것이다.

저자 소개

이정전

서울대학교 경제학과를 졸업하고 미국 아이오와 주립대에서 경제학 박사 학위를 받았다. 미국 메릴랜드 대학 객원교수를 거쳐 한국자원경제학회장, 한국환경경제학회 이사, 서울시 도시계획위원, 경실련환경개발센터 대표, 환경정의시민연대 공동대표를 역임하고 서울대학교 환경대학원장으로 재직했다. 현재 서울대학교 명예교수이다.

지은 책으로 『시장은 정의로운가』, 『우리는 왜 행복해지지 않는가』, 『행복도시』, 『두 경제학의 이야기: 주류경제학과 마르크스경제학』, 『환경경제학 이해』, 『토지경제론』, 『위기의 부동산』(공저), 『분배의 정의』(공저) 등이 있다.

장회익

서울대학교 물리학과를 졸업하고 미국 루이지애나 주립대에서 물리학 박사 학위를 받았다. 30여 년간 서울대학교 물리학과 교수로 재직하면서 대학원 과학사 및 과학철학 협동 과정에서 겸임 교수를 지냈고, 현재는 서울대학교 명예교수로 있다. 주요 관심 분야는 물리학 이외에 과학 이론의 구조와 성격, 생명 문제, 동서 학문의 비교 연구이다.

지은 책으로 『과학과 메타과학』, 『삶과 온생명』, 『물질, 생명, 인간』, 『생명을 어떻게 이해할까』, 『공부의 즐거움』, 『이분법을 넘어서』(공저), 『사물의 분류와 지식의 탄생』(공저) 등이 있다. 심산상을 수상했다.

김인환

고려대학교 국어국문학과를 졸업하고 동 대학원에서 문학 박사 학위를 받았다. 1972년 《현대문학》으로 평단에 나왔다. 1979년부터 고려대학교 국어국문학과 교수로 재직했고 고려대학교 문과 대학 학장, 한국문학교육학회 회장을 역임했다. 현재 고려대학교 명예교수, 우송대학교 석좌교수이다.

지은 책으로 『언어학과 문학』, 『현대시란 무엇인가』, 『의미의 위기』, 『한국고대시가론』, 『문학교

육론』, 『문학과 문학 사상』, 『다른 미래를 위하여』, 『기억의 계단』, 『비평의 원리』, 『문학의 새로
운 이해』, 『상상력과 원근법』, 『한국문학이론의 연구』 등이 있고 옮긴 책으로 『주역』, 『에로스와
문명』 등이 있다. 김환태평론문학상, 팔봉비평문학상, 현대불교문학상, 대산문학상 등을 수상
했다.

김석철

서울대학교 건축과를 졸업하고, 김중업 · 김수근 선생을 사사했다. 1970년 서울대학교 응용
과학연구소를 창설하고 같은 해 월간 《현대건축》을 창간해 주간을 지냈다. 현재 충칭 대학 객
좌교수, 명지대학교 석좌교수이자 명예 건축대학장, 아키반건축도시연구원 대표로 있으며, 대
통령 직속 국가건축정책위원회 3기 위원장으로 일하고 있다. 주요 작품으로 여의도 · 한강 마
스터플랜, 서울대학교 마스터플랜, 예술의전당, 한국예술종합학교, 베네치아 비엔날레 한국관,
쿠웨이트 자흐라 신도시, 취푸 신도시, 베이징 경제특구, 아제르바이잔 바쿠 신도시, 밀라노 엑
스포 한국관 등이 있다.

지은 책으로 『김석철의 세계건축기행』, 『천년의 도시 천년의 건축』, 『희망의 한반도 프로젝트』,
『공간의 상형문자』, 『건축과 도시의 인문학』, 『한반도 그랜드 디자인』, 『만인의 건축 만인의 도
시』, 『도시를 그리는 건축가』 등이 있다. 한국건축문화대상, 올해의건축인상, 철탑산업훈장, 보
관문화훈장, ANTRON AWARD 대상, 아시아건축상 금상, 베네치아 비엔날레 특별상과 이탈
리아 정부 국가문화훈장 등을 받았다.

이덕환

서울대학교 화학과를 졸업하고 미국 코넬 대학 화학과에서 박사 학위를 받았다. 프린스턴 대
학 연구원을 거쳐 현재 서강대학교 화학과와 과학커뮤니케이션 협동 과정의 교수로 재직 중이
며 주요 연구 분야는 비선형 분광학, 양자화학, 과학 커뮤니케이션이다. 대한화학회 회장, 기초
과학단체협의체 회장, 국제화학올림피아드 운영위원장 등을 역임했다.

지은 책으로 『이덕환의 사이언스 토크토크』, 『이덕환의 과학 세상』, 『과학과 커뮤니케이션』(공
저) 등이 있고 옮긴 책으로 『거인들의 생각과 힘』, 『거의 모든 것의 역사』, 『물리학으로 보는 사
회』, 『아인슈타인 삶과 우주』, 『생명 우주』, 『볼츠만의 원자』, 『같기도 하고, 아니 같기도 하고』
등이 있다. 대한민국 과학문화상, 과학기술훈장 웅비장을 수상했다.

김우창(머리말)

서울대학교 영어영문학과를 졸업하고 미국 코넬 대학, 하버드 대학에서 수학했다. 1965년

《청맥》에 「엘리어트의 예」로 등단했고 서울대학교 영어영문학과 교수, 고려대학교 영어영문학과 교수, 고려대 대학원장을 역임했다. 현재 고려대학교 명예교수로 있으며 대한민국 예술원 회원이다.

지은 책으로 『김우창 전집』(전5권) 외에 『심미적 이성의 탐구』, 『정치와 삶의 세계』, 『행동과 사유』, 『사유의 공간』, 『시대의 흐름에 서서』, 『풍경과 마음』, 『체념의 조형』, 『깊은 마음의 생태학』 등이 있고 옮긴 책으로 『미메시스』(공역) 등이 있다. 팔봉비평문학상, 대산문학상, 금호학술상, 인촌상 등을 수상했다.

5   문화의 안과 밖

시대 상황과 성찰

인간 문명과
자연 세계

자연, 물질, 인간

1판 1쇄 찍음 2014년 12월 2일
1판 1쇄 펴냄 2014년 12월 12일

지은이   이정전, 장회익, 김인환, 김석철, 이덕환
발행인   박근섭·박상준
펴낸곳   (주)**민음사**

출판등록 1966. 5. 19. 제16-490호
주소   (135-887) 서울시 강남구 도산대로 1길 62(신사동)
          강남출판문화센터 5층
대표전화 515-2000 | 팩시밀리 515-2007
홈페이지 www.minumsa.com

ISBN   978-89-374-5725-8 (94100)